学校では教えてくれなかった英語

英会話は伝え方で9割決まる

デイビッド・セイン

アスコム

はじめに

あなたが学校で習った「正しい」英語、実は
ネイティブには伝わらない英語かもしれません！

英会話は伝え方で9割決まります。

ネイティブにちゃんと伝わる話し方をしないと、
あなたの思いは、
残念ながら伝わりません。

例えば、「結構です」と言いたくて、

No, thank you.

なんて答えていませんか？

おそらく、日本人のほとんどの方は、
学校で、こう言うように、と、
教わっていると思います。
でも実はこのフレーズ、言い方によっては、
ネイティブに、つっけんどんな印象を与えて、
上から目線の「嫌なヤツ」だと
思われてしまうことがあるのです。

ネイティブ流に言うなら、

Thanks, but no thanks.

が自然で好印象です。

他にもこのような例はたくさんあります。

あなたは次の日本語のニュアンス、
英語でちゃんと伝えられますか？

- **飲みに行こうか。**
- **すぐやります。**
- **どうぞ座って。**
- **そろそろ行かないと。**
- **感謝しきれません！**
- **まったくもって賛成です。**
- **じゃ、またね。**
- **なんだか疲れてしまって。**
- **心配いらないって。**

はじめに

日本でもう30年近く英語を教えているのですが、
いつも思うことがあります。

それは、日本人の英語が
残念で惜しい英語だ、ということ。

日本人は本当に真面目な方が多いので、
学校で習った英語をしっかり復習して、
英語を使っている方が多いのですが、
残念ながら、学校で教えてもらった英語では、
あなたの考えや思いが、
実は、ネイティブに、
ちゃんと伝わっていないことがほとんどです。

英語も、日本語と同じように、
話し方に気を付けなければなりません。

でも、日本人のほとんどの方は、
話し方を知らずに英語を話してしまうので、
相手に失礼な態度を取ってしまって、
誤解を招いてしまったり、
相手に不快な思いをさせてしまったり…
ネイティブをびっくりさせる英語を話して、
関係性にヒビを入れてしまっていることも
少なくありません。

私はこれまでたくさんのフレーズ集を出してきたのですが、
もっと手軽に、もっと効果的に、
日本人の英会話をブラッシュアップできる本が作れないか、
いろいろとアイデアを温めてきました。

今回、この本では、初めての試みとして、
伝えたい目的ごとに、日本人が使いがちな
「日本人の惜しい英語」を取り上げて、
あなたの英語の、どこをどう変えれば、
もっとネイティブに伝わるようになるのか、
そのコツとポイントをわかりやすくまとめました。

あなたが学校で習った英語が、
ほんのちょっと言い方を変えたり、言葉をつけ加えるだけで、
気持ちはもちろん、ちょっとしたニュアンスまで、
ネイティブにちゃんと伝わる英語に変わります。

英会話は、話し方で9割方が決まります。

さあ、さっそく本書で英会話の話し方をチェックして、
あなたの英語を、ネイティブが使う生きた英語に、
ブラッシュアップしていきましょう！

David A. Thayne

CONTENTS
目次

CHAPTER 1 気持ちを込めるなら大げさに …… 008

CHAPTER 2 ネイティブに嫌われない英語 …… 046
- COLUMN:1 "How are you?"は時代遅れ？ …… 068
- COLUMN:2 「今」の英語を話そう …… 071

CHAPTER 3 丁寧すぎる英語に注意！ …… 074

CHAPTER 4 TPOに合わせた英語 …… 088

CHAPTER 5 自然な英語・不自然な英語 …… 104
- COLUMN:3 英会話の使い分け …… 128

CHAPTER 6 ノリとリズム感が英会話の命 …… 130

CHAPTER 7 下品な話こそ上品に伝える ... 150

CHAPTER 8 ヒンシュクを買う地雷語に注意 ... 158

COLUMN:4 PC 表現とは? ... 170

CHAPTER 9 「スゴイ」と思わせる定番表現 ... 172

CHAPTER 10 その長文では伝わらない ... 190

Webで音声がダウンロードできます!

本書で紹介したフレーズ、「もっと伝わる英語」の音声データーを、期間限定で無料でダウンロードできます。以下の小社ウェブサイトにアクセスしてください。
MP3形式になっているので、パソコンだけでなく、携帯用音楽プレイヤーやスマートフォン、携帯電話などでも聞くことができます。ぜひ活用してみてください。
(ただし、一部機種では対応していない場合がございます。あらかじめご了承ください。)

ダウンロードはこちらにアクセス!
http://www.ascom-inc.jp

CHAPTER 1

気持ちを込めるなら
大げさに

日本人の英語は、ネイティブからすると、感情がないように聞こえてしまうことが多いようです。日本語でも「好き」と「大好き」や「無理」と「絶対無理」では印象が全く変わりますよね。英語でも同じです。加えて、英語は、かなり感情表現が豊かな言語。気持ちを伝えたいなら、少々大げさなくらいがちょうどいいでしょう。

ここで身につけたいテクニック

- より強い表現をあえて使う
- 感謝の言葉の使い分けを知る
- 気持ちの強弱を表す鉄板表現
- Do で伝わる上手な強調
- 社交辞令表現は避けて

CHAPTER 1 | 気持ちを込めるなら大げさに

01 「絶対に無理！」と言いたいとき

日本人の惜しい英語
It's not possible for him to come.
彼は来られなさそうです。

▼

もっと伝わる英語
It's impossible for him to come.
彼が来るのは絶対に無理です。

It's not possible...は「〜はできません」という程度の否定ですが、It's impossible...と言った場合は、「〜は絶対に無理です」「不可能です」という、より強い否定に変化します。

02 「バッチリです！」と言いたいとき

日本人の惜しい英語
Three o'clock would be okay.
3時でかまいません。

▼

もっと伝わる英語
Three o'clock would be perfect!
3時ならバッチリです。

どちらも日常会話とビジネスの両方で使えるフレーズです。okayは、「満足できるけれども、ベストではない」という場合にネイティブが口にするフレーズ。約束の時間が3時でちょうどいいとき、あるいはそうなることを期待している、楽しみにしているときにはokayではなくperfectを使いましょう。はつらつとした声で言えば、気持ちがさらに伝わります。

03 「朝飯前です」と言いたいとき

日本人の惜しい英語
It's easy.
簡単です。

▼

もっと伝わる英語
It's as easy as pie.
朝飯前だよ。

「朝飯前だ」「お茶の子さいさいだ」と言うときはIt's as easy as pie.という表現を使います。これは、It's as easy as eating pie.という表現を短くした形です。

また、It's a cinch.でもOK。cinchは「容易」「確実なこと」という意味です。

これと同じ意味のおもしろい表現は他にもあります。代表的なものをいくつか紹介しましょう。どれも「とても簡単なことだ」という意味です。

- **It's as easy as ABC.**
  ABCを言うくらい簡単。
- **It's as easy as one, two, three.**
  3つ数えるくらい簡単。
- **It's as easy as falling off a log.**
  丸太から落ちるくらい簡単。
- **It's as easy as riding a bike.**
  自転車に乗るくらい簡単。

CHAPTER 1 | 気持ちを込めるなら大げさに

04 「大感謝！恩に着ます！」と言いたいとき

日本人の惜しい英語

Thank you very much.
ありがとう。

▼

もっと伝わる英語

I can't thank you enough.
感謝しきれないよ。

後者は誰かに大きな借りを作ったとき、何か大きな頼みごとを聞いてもらったときに使うフレーズです。「恩に着ます」というニュアンスが含まれます。

感謝のことばはThank you. だけではありません。相手や状況に応じて、また感謝の気持ちの度合いによって、ネイティブは感謝のことばを使い分けています。

- **'Preciate it.**
  助かるよ。

- **Thanks.**
  ありがとう！

- **Thanks a lot.**
  どうもありがとう。

- **Thanks for everything.**
  いろいろとありがとう。

- **Thank you so much.**
  本当にどうもありがとう。

- **How can I ever thank you?**
  なんとお礼を言ったらいいか！

- **I appreciate everything you've done.**
  いろいろと本当にどうもありがとうございました。

05 「この部屋、汚すぎる!!!」と言いたいとき

日本人の惜しい英語
Your room's a mess.
こんなに汚くして。

▼

もっと伝わる英語
Your room's a pigsty!
まるでブタ小屋じゃないの!

どちらも子どもが散らかした部屋を大人が、「こんなに汚くして!」と叱るときのフレーズ。後者のpigstyは「豚小屋」のことで、「ピッグスタイ」と発音します。日本語でも「あなたの部屋、まるで豚小屋じゃないの!」と言って叱りますよね。

---

06 「凍えそう!!」と言いたいとき

日本人の惜しい英語
It's cold outside.
外は寒いなぁ。

▼

もっと伝わる英語
It's freezing outside.
外は凍えそうだよ。

It's freezing outside.だと寒さを通り越して「凍えてしまう」という意味になります。It's freezing.とだけ言えば、極端に冷房が効いた部屋に入ったときにも使えます。

CHAPTER 1 | 気持ちを込めるなら大げさに

07 「頭が割れるように痛い！」と言いたいとき

日本人の惜しい英語
I have a headache.
頭が痛い。

▼

もっと伝わる英語
I have a splitting headache.
頭が割れるように痛い。

ふつうの頭痛なら I have a headache. でいいのですが、激しい頭痛で頭が割れるように痛いときには、I have a splitting headache. という表現がぴったりです。split は「割れる」という意味。頭がズキズキ痛む場合は、I have a throbbing headache. と言います。

08 「まったく理解できない！」と言いたいとき

日本人の惜しい英語
I don't understand it.
よくわかりません。

▼

もっと伝わる英語
I can't understand it.
まったく理解できません。

I don't understand it. は、「なんとなくわかるがはっきりしない」「一部はわかるが全体はわからない」という感じです。I can't understand it. のほうは、「何ひとつわからない」「お手上げ」というニュアンスです。

09 「大賛成！」と言いたいとき

日本人の惜しい英語
I agree.
賛成です。

▼

もっと伝わる英語
I couldn't agree more.
まったくもって賛成です。

I couldn't agree more. はそのまま訳すと「これ以上賛成できない」、つまり「疑問の余地なく、完全に賛成です」ということ。反対に I couldn't agree less. だと「これ以下で賛成できない」＝大反対という意味です。

また、agree を disagree「意見を異にする」にして I couldn't disagree more. とすると、正反対の意味になります。「これ以上反対できない」、転じて「大反対です」という意味になります。

I couldn't...more. という言い回しは、知っておくと応用がきいて便利です。こういった表現を使いこなせると、気持ちの伝え方がうまくなります。

- **I'm pleased.**
  うれしい。

→ **I couldn't be more pleased.**
  最高にうれしい。

- **I'm angry.**
  怒っている。

→ **I couldn't be angrier.**
  最高に怒っている。

CHAPTER 1 | 気持ちを込めるなら大げさに

10 「ドア閉めてって言ったじゃん！」と言いたいとき

日本人の惜しい英語
Close the door.
ドアを閉めて。

▼

もっと伝わる英語
Close that door.
ドアを閉めてったら。

Close the door. はふつうに「ドアを閉めて」と頼むときの言い方ですが、the を that にして Close that door. とすると、「ドアを閉めてったら」「ドアを閉めろよ」といったニュアンスになります。ドアがひとつしかないのに、that door「そのドア」などとあえて言うのは、相当いらだっている証拠です。

the＋名詞や it ですむところを、あえて that と言うと、いらだちの気持ちや怒り、驚きの感情が込められた言い方になります。例を見てみましょう。

- **You bought that car?**
  あんな車を買ったの？

- **Don't do that.**
  そんなことはするな。

- **Why did you do that?**
  どうしてあんなバカなことをしたんだ。

- **That man is not my boyfriend.**
  あんな男は私の彼氏なんかじゃない。

11 　大目玉をくらう前ぶれかも!?

日本人の惜しい英語
Come in here.
入りたまえ。

▼

もっと伝わる英語
Get in here!
中に入れ！

たとえば、職場の上司がCome in here.と言ってあなたを部屋に呼んだときは、声の調子にもよりますが、恐らくたいした問題ではありません。でも、大きな声でGet in here!と呼んだら覚悟してください。きっとあなたは何か大きな失敗をしてしまっています。上司はカンカン！　大目玉をくらうと思ってほぼ間違いなし。親が子どもを、教師が生徒を叱りつけるときにもよく使うフレーズです。

12 　「いったいいつまで待たせるんだ！」と言いたいとき

日本人の惜しい英語
This is taking a long time.
遅いなぁ。

▼

もっと伝わる英語
This is taking forever.
いったいいつまでかかるんだ。

どちらのフレーズも待たされているときのじれったさを表しています。病院の待合室、免許の更新、スーパーのレジなど、順番を待つのはときにイライラするもの。どちらも、そんなときに口を突いて出ることばですが、This is taking forever.のほうが不満をより強く表現できます。

CHAPTER 1 | 気持ちを込めるなら大げさに

13 |「もう長いことご無沙汰だ」と言いたいとき

日本人の惜しい英語
I haven't seen a movie lately.
最近は映画を観ていないなぁ。

▼

もっと伝わる英語
I haven't seen a movie in ages.
映画はもう長いこと観てないなぁ。

以前はよく映画を観ていたが近頃はあまり観ていない、と言うときはI haven't seen a movie lately. という言い方をするのがふつう。でも、最近どころか、最後に映画を観てから長い期間が経っている場合には、I haven't seen a movie in ages. という言い方がぴったりきます。in agesは「長い間」「長期間」という意味です。

- **I haven't been swimming in ages.**
  もう何年も泳いでないなぁ。

- **I haven't seen you in ages.**
  超ひさしぶりだね。

- **I haven't had pizza in ages.**
  ピザなんて、もうずいぶん食べてないよ。

- **It hasn't rained in ages.**
  もう長いこと雨が降っていない。

018

14 「もうこれが本当に最後のチャンス」と言いたいとき

日本人の惜しい英語
I'll give you a second chance.
もう1度チャンスをあげます。

▼

もっと伝わる英語
I'll give you one last chance.
これが本当に最後のチャンスだぞ。

コップの中に水が半分。あなたは「半分しかない」と見ますか？ それとも、「半分も入っている」と見ますか？ここに並べた2つのフレーズもそれと同じです。I'll give you a second chance. だと、「もう1度チャンスがある」という余裕のある感じですが、I'll give you one last chance. では、「失敗したらもう後がない」と相手に大きなプレッシャーを与えます。

15 「いい天気〜」と言いたいとき

日本人の惜しい英語
The weather's fine today.
今日の天気はまあまあだ。

▼

もっと伝わる英語
The weather's nice today.
今日はいい天気だ。

The weather's fine today. だと、雨は降っていない、暑くも寒くもない「まあまあの天気」という感じに聞こえます。fine ではなく nice を使い、The weather's nice today. と言えば「いい天気です」という意味になります。nice を beautiful や great にしてもOKです。

019

CHAPTER 1 | 気持ちを込めるなら大げさに

16 | 「とっても気に入った！」と言いたいとき

日本人の惜しい英語
I like it.
気に入りました。

▼

もっと伝わる英語
I do like it.
とっても気に入りました。

do を間に入れると、単に I like it. と言うよりも気持ちの込もった言い方になります。過去形の文の場合はdoがdidになります。doを入れるだけで、言いたいことを上手に強調することができます。とてもネイティブらしい言い回しですので、覚えておきましょう。また、このようにdoを使うと、強調されるだけでなく丁寧にも聞こえます。

- **You do know how to cook.**
  君は本当に料理が上手だね。

- **He does have a nice car.**
  彼の車って本当にステキよね。

- **It does look nice on you.**
  その服、君にすごくよく似合ってる。

- **This does taste delicious.**
  本当においしい。

17 「〜するつもり」と言いたいとき

日本人の惜しい英語
I'm thinking about changing jobs.
転職しようかなって思ってるんだ。

▼

もっと伝わる英語
I'm thinking of changing jobs.
転職するつもりです。

前者のフレーズでは、転職について「漠然と」考えているという程度の軽い気持ち。それに対し、I'm thinking of changing jobs. は、「真剣に転職するつもりでいる」「転職する意思がある」という意味になり、実際に行動に移そうとしていることが伝わります。

- I'm thinking about moving.
  引っ越ししようかな。

→ I'm thinking of moving.
  引っ越しするつもりです。

- I'm thinking about getting a car.
  車を買おうかな。

→ I'm thinking of getting a car.
  車を買うつもりです。

CHAPTER 1 | 気持ちを込めるなら大げさに

18 「もうとにかく〜!!」と言いたいとき

日本人の惜しい英語
It's beautiful.
きれいだね。

▼

もっと伝わる英語
It's simply beautiful.
もうとにかくきれい!

simplyは「とにかく〜」という意味で、後ろにくることばを強調する語です。It's simply...は「もうとにかく〜だ」「最高に〜です」というニュアンス。とてもネイティブらしい表現です。
例:I simply don't have any time.「とにかく時間がない」

19 「いっこうにかまいません」と言いたいとき

日本人の惜しい英語
I don't mind.
かまいませんよ。

▼

もっと伝わる英語
I don't mind at all.
いっこうにかまいません。

どちらも「気にしない」というときのフレーズですが、後者の方が、相手への気遣いがぐっと伝わります。「全然いいですよ」「いっこうにかまいませんよ」といったニュアンスです。not... at allは「全然〜ない」「ちっとも〜ない」という意味です。
例:It's no problem at all.「全然問題なしです」

20 「今後は絶対に気をつけます！」と言いたいとき

日本人の惜しい英語
I'll be careful.
今後は気をつけます。

▼

もっと伝わる英語
I certainly will be careful.
今後は絶対に気をつけます。

certainly をつけると「必ず〜します」と強調するニュアンスがぐっと強まります。certainly の代わりに sure を使っても同じニュアンスになりますが、certainly のほうが知的に聞こえます。また、I'll よりも I will のほうが強い気持ちが伝わるので、反省の気持ちを述べるなら I will... とするとよいでしょう。

21 「時間の余裕がまったくない！」と言いたいとき

日本人の惜しい英語
We've got no time.
時間がない。

▼

もっと伝わる英語
We've got no time to spare.
時間の余裕がまったくない。

どちらも、急いでいる状態を表すのですが、文末に to spare「とっておく」を加えると、ぐっと緊急度が増した言い回しになります。時間の余裕がまったくないことが強調されます。

CHAPTER 1 | 気持ちを込めるなら大げさに

22 「最高に楽しかった！」と言いたいとき

日本人の惜しい英語
It was a lot of fun.
すごく楽しかった。

▼

もっと伝わる英語
It was the most fun ever!
最高に楽しかった！

It was a lot of fun. は喜びを伝えるフレーズですが、実は、あまり楽しくなくても「社交辞令」としても使われます。後者は、It was the most fun I've ever had! を短く言った形で、本当に楽しかったときにしか使いません。実際にはいままで生きてきて一番楽しかったというわけではなかったとしても、感動を伝えるためにこのフレーズを使います。

最上級＋everを使った例をいくつか見てみましょう。

- **That was an interesting show.**
  おもしろいショーだったよ。

→ **That was the most interesting show ever.**
  最高におもしろいショーだったよ。

- **I saw a really big cat.**
  とっても大きな猫を見たよ。

→ **I saw the biggest cat ever.**
  これまで見たこともないほど大きな猫を見たよ。

23 「まるっきり間違ってる」と言いたいとき

日本人の惜しい英語
You're wrong.
あなたは間違っている。

▼

もっと伝わる英語
You're way wrong.
あなたはまったく間違っている。

You're wrong.に way をつけて You're way wrong.とすると、語調が強くなり「あなたはまったく間違っている」「まるっきり間違っているよ」といったニュアンスに変化します。

---

24 「ものすごく体調が悪い」と言いたいとき

日本人の惜しい英語
I'm sick.
病気です。

▼

もっと伝わる英語
I'm as sick as a dog.
ものすごく気分が悪い。

体調があまりすぐれないだけのときは、I'm sick.でOKです。でも、ものすごく体調が悪いときは I'm as sick as a dog.でないと伝わりません。dogには「だめな」「失敗した」という意味もあります。

CHAPTER 1 | 気持ちを込めるなら大げさに

25 「行けるわけないのに、いったいどうやって？」と言いたいとき

日本人の惜しい英語
How do I get there?
どうやって行けばいいのですか？

▼

もっと伝わる英語
How am I supposed to get there?
いったいどうやってそこに行ったらいいんだ？

How do I get there?は、単に「そこへはどうやって行けばいいですか？」と道順などをたずねるフレーズ。一方のHow am I supposed to get there?には、時間や交通手段などの制約のため行くのが困難だ、つまり「できるはずがない」という含みがあります。

How am I supposed to...?という言い回しを使うと、困惑している気持ち、諦めの気持ちをうまく表現できます。

- **How am I supposed to know?**
  どうして私が知っているというんだ？（知っているわけがない）

- **How am I supposed to pay?**
  どうやって払えっていうんだ？（払えるはずがない）

- **How am I supposed to get home?**
  どうやって家に帰ればいいっていうのさ。（帰れっこない）

- **How are we supposed to finish by 3:00?**
  どうやったら3時までに終われるのよ。（終わりっこない）

26 「もう忙しくて手一杯！」と言いたいとき

日本人の惜しい英語
We're busy today.
今日は忙しいです。

▼

もっと伝わる英語
We're swamped today.
今日はもう手一杯です。

We're busy today.は、ただ「忙しい」と言っているだけ。でもWe're swamped today.にすると、仕事や予定が山のようにあって時間の余裕がまったくないというニュアンスになります。swampedは形容詞で「多忙極まりない」という意味です。

27 「いまないとやばい！」と言いたいとき

日本人の惜しい英語
I need it now.
すぐに必要です。

▼

もっと伝わる英語
I need it yesterday.
いますぐ必要なんです！

前者は「短時間で必要なものをそろえてほしい」というニュアンス。後者はそのまま訳せば「昨日必要だった」となります。このような言い方をすることで「いますぐに手元にないと困る」という緊急さを強調できます。

CHAPTER 1 | 気持ちを込めるなら大げさに

28 ｜「いったいどういうこと?!」と言いたいとき

日本人の惜しい英語
What does this mean?
これはどういう意味ですか？

▼

もっと伝わる英語
What's the meaning of this?
これっていったいどういうこと？

What does this mean? は、ふつうに情報を得たいときの言い方で、「これはどういう意味ですか？」という意味。What's the meaning of this? は「これってどういうこと？」というニュアンスで、意外な結果に少し腹が立った、というときによく使うフレーズです。

29 ｜「負け犬！」と言いたいとき

日本人の惜しい英語
You failed.
しくじったね。

▼

もっと伝わる英語
You're a failure.
お前は負け犬だ。

You failed. は「しくじったね」という意味。いままでうまくいっていたけれど今回は失敗してしまった、あるいは今回はだめでも次回はうまくいくかもしれないという可能性を含んだ言い方です。しかし、You're a failure. は「あんたは負け犬」のニュアンス、つまり、あなたは成功とは無縁だ、という、きついひと言になります。

30 「すごく〜」と言いたいとき

日本人の惜しい英語
That's interesting.
おもしろいね。

▼

もっと伝わる英語
Isn't that interesting?
それってすごくおもしろいよね。

That's interesting. は、実は、ネイティブは、どちらかと言えばあまり感動していないときに使うフレーズ。「すごくおもしろいね！」と伝えるときには、Isn't that interesting? がよく使われます。感嘆文のHow interesting!に近いニュアンスです。

- **She's cute.**
  かわいいね。

→ **Isn't she cute?**
  彼女、すっごくかわいいよね！

- **That's wonderful.**
  よかったね。

→ **Isn't that wonderful?**
  本当にすばらしいことだよね！

- **That's ugly.**
  醜いね。

→ **Isn't that ugly?**
  すごく醜いよね！

CHAPTER 1 | 気持ちを込めるなら大げさに

31 | 「真っ暗闇!」と言いたいとき

日本人の惜しい英語
It's dark.
暗いな。

▼

もっと伝わる英語
It's pitch-black.
真っ暗だ。

darkだと、ただ「暗い」というだけ。pitchはコールタールを蒸留した後に残る、まっ黒な物質のことなので、pitch-blackで暗さがより強調され、「真っ暗」「漆黒の闇」という意味の形容詞になります。pitch-darkでも同様の意味になります。

32 | 「超〜」と言いたいとき

日本人の惜しい英語
You're very talented.
あなたにはとても才能がありますね。

▼

もっと伝わる英語
You're ever so talented.
あなたってとっても才能がありますよ。

ever soはveryをより強調したもの。とても気持ちが込もっているように聞こえます。しかも上品にも聞こえる言い回しです。例：She's ever so lucky.「彼女は超ラッキーだわ」。

33 「いったいぜんたい」と言いたいとき

日本人の惜しい英語
Where is it?
あれどこいった？

▼

もっと伝わる英語
Where in the world is it?
いったいぜんたい、あれはどこにいったんだ？

Where in the world is it?のin the worldは「世界の中に」という意味ではなく、「いったいぜんたい」と、文意を強調することばです。これで、「あれは、いったいどこに置いた（どこにある）んだろう？」というニュアンスになります。

- **What in the world are you doing?**
  いったい何をしているんだ？

- **Who in the world are you?**
  いったいお前は誰なんだ？

- **Why in the world did you do that?**
  いったいぜんたい、どうしてあんなことをしたんだ？

- **What in the world happened?**
  いったい何があったっていうんだ？

- **How in the world did you do that?**
  いったいどうやったの？

CHAPTER 1 | 気持ちを込めるなら大げさに

34 | 「ペロリとたいらげちゃった」と言いたいとき

日本人の惜しい英語
He ate it.
彼が食べた。

▼

もっと伝わる英語
He ate it up.
彼が全部ぺろりと食べてしまった。

前者のフレーズではどれだけ食べたかが不明ですが、後者のフレーズだと食べ物を全部食べてしまったことがわかります。eat up は「ペロリとたいらげる」「全部を食べつくす」という意味です。

35 | 「これこそまさに！」と言いたいとき

日本人の惜しい英語
This is a car.
これが車です。

▼

もっと伝わる英語
Now, this is a car!
これこそが車だよ。

後者のnowは「いま」という意味ではなく、「これこそが理想としていた」という強調の語です。つまり「これぞまさに理想の車」というニュアンスになります。

36 「まったく！なんてこと！?」と言いたいとき

日本人の惜しい英語
See what you've done.
なんてことをしてくれたんだ。

▼

もっと伝わる英語
Now, see what you've done.
まったく、なんてことをしてくれたんだ。

See what you've done. は「なんてことをしてくれたんだ」というニュアンスの表現。文頭に Now を置くと、驚きや怒りの意を強める効果があります。「まったく」「やれやれ」といったニュアンスが伝わります。

37 「ちょ、ちょっと待ってよ！」と言いたいとき

日本人の惜しい英語
Wait just a minute.
ちょっと待ってください。

▼

もっと伝わる英語
Now, wait just a minute!
ちょっと待ってってば！

Wait just a minute. は、ごくふつうに「ちょっと待って」と相手を制止する感じ。Now, wait just a minute! は、より強く相手を制止するニュアンスになります。声のトーンによっては、怒っていると思われてしまうので、注意しましょう。

CHAPTER 1 | 気持ちを込めるなら大げさに

38 | 「金なら腐るほど持っている」と言いたいとき

日本人の惜しい英語

He's rich.
彼は金持ちだ。

▼

もっと伝わる英語

He's stinking rich.
彼は腐るほど金を持っている。

stinkingは「臭い」という意味ですが、richを強調する語としてつけ加えます。日本語の「腐るほど金を持っている」と同じ感じです。

39 | 「まったくの嘘っぱち!」と言いたいとき

日本人の惜しい英語

That's a lie.
それは嘘だ。

▼

もっと伝わる英語

That's a big fat lie.
そんなのはまったくの嘘っぱちだ。

That's a big fat lie. は直訳すると「丸々と太った嘘だ」、転じて「そんなのはまったくの嘘っぱちだ」「でたらめもいいところだ」といったニュアンスになります。

40 「大好き！」と言いたいとき

日本人の惜しい英語

I like sushi.
私は寿司が好きだ。

▼

もっと伝わる英語

I love sushi.
私は寿司が大好物だ。

「好き」という気持ちを表すときに、いつもlikeでは単調です。「大好き」と言うときには、loveを使いましょう。

---

41 「いったいぜんたい、なぜ？」と言いたいとき

日本人の惜しい英語

Why did you do it?
なんであんなことしたんだ？

▼

もっと伝わる英語

Why in the hell did you do that?
いったいぜんたい、なんであんなことしたんだ？

Why did you do it?は、ふつうに疑問に思ったことをたずねる表現です。Why in the hell did you do that?は「いったいぜんたい、どうしてあんなことをしたんだ？」といったニュアンスです。in the hellをつけると、驚きや怒りがより強調された疑問文になります。in the worldと使い方は同じですが、in the hellは品がない言い方なので気をつけましょう。

CHAPTER 1 | 気持ちを込めるなら大げさに

42 | 「大間違い！」と言いたいとき

日本人の惜しい英語

You're wrong.
それは間違ってるよ。

▼

もっと伝わる英語

You're dead wrong.
まったく間違っているよ。

You're dead wrong.で、「絶対間違っている」「大間違いだ」という意味になります。deadは後に続く形容詞を強める副詞になります。

43 | 「ああ、本当によかった〜」と言いたいとき

日本人の惜しい英語

That's a relief.
よかった。

▼

もっと伝わる英語

What a relief!
ああ、本当によかった。

That's a relief.は「ほっとしたよ」「よかった」と軽く言う感じなのに対し、What a relief!のほうは、「ふーっ。ようやく肩の荷がおりたよ！」という強い安堵感が伝わります。

44 「楽勝！」と言いたいとき

日本人の惜しい英語
We won.
勝ったよ。

▼

もっと伝わる英語
We kicked their butts.
楽勝だったよ。

kick one's butt は文字通り「尻を蹴る」という意味の他、スラングでは「楽に勝つ」「ぶっ飛ばす」という意味もあります。あまり上品な表現ではないので、親しい仲間内だけで使うようにしましょう。

45 「まさかそんなことはありえない！」と言いたいとき

日本人の惜しい英語
I doubt it.
それはどうかな。

▼

もっと伝わる英語
I highly doubt it.
まさか、そんなことはないだろう。

このような文でhighlyを加えると疑問が強調されます。I highly doubt it. で「そんなことはほとんどない、信じるのは無理だね」「まさか、ありえないだろう」といったニュアンスになります。

CHAPTER 1 | 気持ちを込めるなら大げさに

46 | 「裏も表も知り尽くしている」と言いたいとき

日本人の惜しい英語
I know New York well.
ニューヨークのことはよく知っています。

▼

もっと伝わる英語
I know New York inside and out.
ニューヨークのことは隅から隅まで知り尽くしている。

ある場所に長く住んでいれば、当然、町の事情に詳しくなります。そこで使えるフレーズが後者。「この町のことは裏も表もなんでも知っている」というニュアンスです。

47 | 「どうもすみません…」と言いたいとき

日本人の惜しい英語
I'm sorry.
すみません。

▼

もっと伝わる英語
I'm terribly sorry.
どうもすみません。

terriblyは「ひどく」「ものすごく」という意味で、強調する役割を果たす語です。I'm terribly sorry.だと、「本当にどうもすみませんでした」というニュアンスになります。terriblyはネガティブな語に聞こえますが、It's terribly exciting.「本当にわくわくしている」のように、ポジティブなフレーズで使うことも可。

48 「いったい誰に聞けばいいの？」と言いたいとき

日本人の惜しい英語
Who can I talk to?
誰に聞けばいいかな？

▼

もっと伝わる英語
Who can I turn to?
いったい誰に聞けばいいんだ？

ほしい情報をどこから、あるいは誰から得ればいいのか知りたい場合にはWho can I talk to?とたずねればOK。Who can I turn to?とたずねるのは、もっと緊急、あるいはせっぱつまった状態の場合です。turn to...は「〜のことを頼る」というニュアンスです。

49 「おい、聞いてんのか？」と言いたいとき

日本人の惜しい英語
Can you hear me?
聞こえてます？

▼

もっと伝わる英語
Do you hear me?
おい、聞いてんのか？

Can you hear me?は、電話の接続が悪くて聞こえない、周囲の騒音のために聞こえないというときに使います。「言ってることわかってるの?」「人の話を聞いてんの?」というイライラ感を込めたいなら、Do you hear me?を使います。

CHAPTER 1 | 気持ちを込めるなら大げさに

50 | 「一睡もできなかった」と言いたいとき

日本人の惜しい英語
I didn't sleep very well.
よく眠れなかった。

▼

もっと伝わる英語
I didn't sleep a wink.
一睡もできなかった。

一晩中目が覚めていて、一睡もできなかったという場合は I didn't sleep a wink. というフレーズを使います。wink はまばたきのこと。「まばたきする間さえ眠れなかった」、つまり「一睡もできなかった」という意味です。

51 | 「腹が減って死にそうだ」と言いたいとき

日本人の惜しい英語
I'm hungry.
お腹すいたな。

▼

もっと伝わる英語
I'm starving to death.
腹減って死にそうだ。

I'm starving to death. と言うと、「お腹がすいて死にそう」「腹が減って倒れそうだ」といったニュアンスです。ちなみに「小腹がすいた」は I'm a little hungry. や I'm a bit hungry. などと言います。

52 「早く会いたいよ」と言いたいとき

日本人の惜しい英語
I'm looking forward to seeing you.
お会いできるのを楽しみにしています。

▼

もっと伝わる英語
I can't wait to see you!
会うまで待ちきれないよ!

I'm looking forward to seeing you. は、実は、互いによく知らない者同士、あるいはビジネスの場でよく使うフレーズです。社交辞令としてもよく使います。親しい相手や、自分の思いを率直に伝えても支障のない相手にこちらの思いを伝えるなら、I can't wait to see you.。「会うのが待ちきれない」「早く会いたいよ」といったニュアンスが伝わります。

53 「ひとつたりとも残ってない!」と言いたいとき

日本人の惜しい英語
There aren't any left.
何も残っていないよ。

▼

もっと伝わる英語
There's not a single one left.
ひとつたりとも残っていないよ。

There aren't any left. は、文字通りに「何も残っていない」という意味。残っていると期待していたものがすべてなくなっていたときのがっかり感は後者で。驚きや不満、失望の気持ちが伝わります。

CHAPTER 1 | 気持ちを込めるなら大げさに

54 | 「いつでもOK！」と言いたいとき

日本人の惜しい英語
I'm ready.
準備できてます。

▼

もっと伝わる英語
I'm all ready.
いつでもOKです。

I'm ready. は、軽く「準備できましたよ」「いいですよ」という程度。all を入れて I'm all ready. とすると、「準備万端」「いつでもOK」というとても力強い印象のひと言になります。他にも He's all upset.「彼はもうカンカンだ」、It's all over.「もう完全に終わりだ」という具合に使います。

55 | 「ものすごく〜」と言いたいとき

日本人の惜しい英語
It's hot.
今日は暑いね。

▼

もっと伝わる英語
It's as hot as hell.
今日は恐ろしく暑いね。

as ... as hell は「ものすごく〜だ」「恐ろしく〜だ」という意味の表現です。It's as hot as hell. で、「今日はものすごく暑い」という意味になります。ただし、上品とはいえない言い回しで、ネイティブの男性が主に使います。その他にも、as cute as hell「ものすごくかわいい」、as mad as hell「えらい怒っている」などと言います。

56 「あの騒音はいったい何？」と言いたいとき

日本人の惜しい英語
What's that noise?
あの音は何？

▼

もっと伝わる英語
What's all that noise?
あの騒音はいったいなんなんだ？

耳慣れない音が聞こえたときにはWhat's that noise?と言ってたずねます。誰かが故意に発生させている大きな音や、耳障りな音に不満を込めたいときには、What's all that noise?が適当です。

57 「明日必ず！」と言いたいとき

日本人の惜しい英語
I'll call you tomorrow.
明日電話します。

▼

もっと伝わる英語
I will call you tomorrow.
明日必ず電話するから。

I'll call you tomorrow.は「明日電話するつもりです」というニュアンスですが、I'llを短縮せずにI will call you tomorrow.と言うと「大丈夫。明日必ず電話するから」というニュアンスになります。ただし、ふだんの会話では、I willは短縮形のI'llを用いるのがふつうです。特に強調したいときのみ使います。

CHAPTER 1 | 気持ちを込めるなら大げさに

58 | 「それはまた恐ろしく～」と言いたいとき

日本人の惜しい英語
That's cheap.
それは安いね。

▼

もっと伝わる英語
That's dirt cheap.
そりゃまた恐ろしく安いね。

dirtは「汚れ」「ほこり」といった意味で知られていますが、veryと同じ強調の語としても使います。dirt cheapで「恐ろしく安い」という意味になります。

59 | 「心から謝りたい」と言いたいとき

日本人の惜しい英語
I'm sorry.
ごめんなさい。

▼

もっと伝わる英語
Oh, I'm sorry.
あぁ、ごめんなさい。

ただぶっきらぼうにI'm sorry.と言うよりも、OhをつけてOh, I'm sorry.と言ったほうが、より心が込もった謝罪のことばに聞こえます。

60 「これ、むちゃくちゃ重い！」と言いたいとき

日本人の惜しい英語
This weighs a lot.
これは重い。

もっと伝わる英語
This weighs a ton.
これむちゃくちゃ重いな。

どちらも「これは重い」という意味のフレーズですが、weigh a tonと言うほうがより口語的で、「むちゃくちゃ重い！」という大げさなニュアンスを出すことができます。a tonは重量単位の「トン」のことですので、weigh a tonの直訳は「1トンの重さがある」という意味になります。

CHAPTER 2
ネイティブに嫌われない英語

日本人が学校で習った英語は、時にストレートすぎることも。相手に対して失礼な言い方だったり、自分を卑下しすぎる言葉だったりします。ネイティブの言い方をまねして、相手も自分も不快にならない、ちゃんとした英語を話しましょう！

ここで身につけたいテクニック

- 疑うのは相手ではなく情報で
- ひと言付けてやわらかく
- つっけんどんにならないで
- 丁寧でやわらかい断り方
- ネガティブをポジティブに変換

CHAPTER 2 | ネイティブに嫌われない英語

01 | ちょっとお金が足りないとき

日本人の惜しい英語
I don't have enough money.
これではお金が足りません。

▼

もっと伝わる英語
It's a little over my budget.
ちょっと予算オーバーかな。

ショッピングの最中、ほしいものが見つかったけれども、それを買うにはお金が少し足りない…。そんなとき、ネイティブは It's a little over my budget.「ちょっと予算オーバーだな」という表現をよく使います。I don't have enough money.「お金が足りません」では、ちょっとストレートすぎます。

02 | 「タバコ吸いますか？」と聞きたいとき

日本人の惜しい英語
Are you a smoker?
喫煙家ですか？

▼

もっと伝わる英語
Do you smoke?
タバコは吸いますか？

Are you a smoker? だと、タバコを吸う人を非難するような含みがあります。タバコを吸うかどうかをただたずねるとき、ネイティブなら Do you smoke? という言い方をするのがふつうです。この表現なら、タバコを吸う相手を非難するような含みはありません。

03 ひどいサービスを受けたのでクレームを言いたいとき

日本人の惜しい英語

The service here is awful.
ひどいサービスだ。

▼

もっと伝わる英語

The service here is not what I expected.
思ったほどのサービスではないですね。

レストランなどで実際にひどいサービスを受けたとしても、それを公衆の前でストレートに表すのは避けたいもの。場合によっては、思慮のない横柄な人間だと思われてしまうかもしれません。でもソフトな口調で後者のフレーズを口にしたなら、そのような悪い印象は与えずにすみます。サービスの良さを売りにしている店でThe service here is not what I expected. と言ったなら、「前評判ほどではないね…」というニュアンスになります。

not what I... は「私が〜したものではない」という意味の言い回しです。よく使うフレーズですので、覚えておきましょう。

- **Marriage isn't what I expected.**
  結婚は思ったほどいいものではありません。

- **A watch is not what I hoped for.**
  私がほしかったのは時計ではありません。

CHAPTER 2 | ネイティブに嫌われない英語

04 | 「好きなようにやってごらん！」と言いたいとき

日本人の惜しい英語
Do what you want.
勝手にしろ。

▼

もっと伝わる英語
Do what you want to do.
好きなようにやってごらん。

Do what you want. は怒って「勝手にしろ！」という感じ。たとえば学校を中途退学しようとしている相手に思いとどまるよう説得を試みて失敗し、吐き捨てるように口にする、そんなフレーズです。相手には自由な選択がある、思ったとおりにやってみるといいよというポジティブなニュアンスを伝えるなら、後者です。

05 | 相手が間違っていると指摘したいとき

日本人の惜しい英語
I think you're wrong.
あなたは間違っています。

▼

もっと伝わる英語
I think that's wrong.
それは正しいとは思いません。

日本語でも英語でも、ストレートに相手が間違っていると言うのはなるべく避けたいもの。どちらも意味は同じですが、受ける印象はだいぶ違います。また、主語を you から that に変えたことで、直接的に相手を責めている印象が和らぎます。

06 キャンセルしたいとき

日本人の惜しい英語
I need to cancel.
キャンセルしなければなりません。

▼

もっと伝わる英語
I'm afraid I need to cancel.
申し訳ないのですが、キャンセルさせてください。

I'm afraid をつけると、遠慮がちでやわらかい印象のひと言になります。言いづらいことを話さなければならないときに使えば、申し訳ない気持ちが伝わります。「本当はそうしたくないのですが…」というニュアンスが込められます。

その他の例を見てみましょう。

- **I'm afraid we're out of time.**
  残念ですが、もう時間がありません。

- **I'm afraid I'll be late.**
  申し訳ありませんが、遅れてしまいそうです。

- **I'm afraid I must be going.**
  申し訳ないのですが、もう行きます。

CHAPTER 2 | ネイティブに嫌われない英語

07 「ケチ！」と言いたいとき

日本人の惜しい英語

He's cheap.
彼はケチだ。

▼

もっと伝わる英語

He's frugal.
彼は倹約家だ。

cheapと言うと「安物」とか「ケチ」という意味でとてもネガティブ。He's a scrooge. やHe's a penny pincher. また、ちょっと下品ですが、He's a tightwad. はどれも「ケチだ」と相手をけなすフレーズです。でも、frugalという単語に置き換えると「ものを無駄にせず、お金にも注意を払って使っている」というイメージになります。He's thrifty. でもOK。thriftyは「倹約的な」「やりくりがうまい」という意味です。

08 お腹がすいているかどうかききたいとき

日本人の惜しい英語

Are you hungry?
お腹すいた？

▼

もっと伝わる英語

Are you getting hungry?
そろそろお腹もすいてきていませんか？

Are you hungry? とストレートに言うよりも、Are you getting hungry? と言ったほうがややソフトな印象のたずね方になります。答えるほうも、こうたずねられたほうが答えやすいですね。同じく、Are you tired? よりも Are you getting tired? が、Are you bored? よりも、Are you getting bored? のほうがソフトです。

09 「それはあんまり好きじゃない」と言いたいとき

日本人の惜しい英語

I don't like it.
それは好きじゃないです。

▼

もっと伝わる英語

Actually, I don't like it.
実は、あまり好きじゃないんですよ。

Actuallyは、連発すると聞き苦しいのですが、使い方によっては便利です。自分のことばが否定の形のときにactuallyを加えると、若干ソフトになります。ただし、肯定文につけるときは注意。たとえばActually, I've seen it before.と言うと、「そんなものはもうとっくに見ましたよ」というニュアンスになり、無礼と受け取られることもあるので気をつけましょう。

- **Actually, she's not my friend.**
  実は、彼女は友だちではないんです。

- **Actually, that's not my real name.**
  実は、あれは本当の名前じゃないんです。

- **Actually, I speak Spanish.**
  実を言うと、スペイン語を話せるんですよ。

- **Actually, I want to be a doctor.**
  本当は、医者になりたいんです。

CHAPTER 2 | ネイティブに嫌われない英語

10 「それ変だよ」と指摘したいとき

日本人の惜しい英語
That's strange.
それは変だよ。

▼

もっと伝わる英語
That's unusual.
それは珍しい。

どちらも否定的な意見を述べるときの言い方ですが、That's strange. だと、少々軽蔑の気持ちが込められているようにも聞こえてしまいます。相手を尊重しつつ遠回しに否定するならThat's unusual. という表現がいいでしょう。「それは珍しいですね」「変わってますね」といったニュアンスになります。

11 誘いを断りたいとき

日本人の惜しい英語
No, I can't.
できません。

▼

もっと伝わる英語
I wish I could.
できればいいのですが。

誘いや依頼を断るときに使うもので、「そうできればいいのですが、できないのです」というニュアンス。誘ってくれた相手を思いやる気持ちが込められた、丁寧でやわらかい印象の断り方です。I wish I could, but I can't. と言っても意味は同じになります。

054

12 疲れていることをそれとなく伝えたいとき

日本人の惜しい英語
I'm really tired.
もうくたくただよ。

▼

もっと伝わる英語
I'm rather tired.
なんだか疲れてしまって。

このratherは意味的にはreallyとさほど変わりませんが、より遠慮がちで、やわらかい印象を与えます。ネイティブは、特に言いにくいことを言う場合には、ratherを使います。また、reallyやveryに比べて上品に聞こえるのでおすすめです。

- **I'm really busy.**
  すごく忙しいんです。

→ **I'm rather busy.**
  ちょっと忙しいものですから。

- **I'm really hungry.**
  お腹ペコペコだよ。

→ **I'm rather hungry.**
  お腹も減ってきていますし。

CHAPTER 2 | ネイティブに嫌われない英語

13 「ちょっと手を貸してもらえませんか？」と言いたいとき

日本人の惜しい英語
Could you help me?
助けていただけますか？

▼

もっと伝わる英語
Could you help me out?
ちょっと手を貸してもらえませんか？

ちょっとした簡単な助けが必要なときには、Could you help me out? という表現を使うのがネイティブ流です。help out は「一時的に手を貸す」という意味。ですが、状況がより深刻で、相手の助けを真剣に求める場合には、Could you help me? という言い回しを用います。

14 どうしても行かなくてはならないとき

日本人の惜しい英語
I have to go now.
もう行かないと。

▼

もっと伝わる英語
I really have to go now.
どうしてもそろそろ行かないと。

I have to go. は「時間の余裕がなくて一刻も早くその場所から移動しなければならない」という感じに聞こえます。I really have to... とすると「本当は行きたくないが、どうしても行かなければならない」という意味になり、好印象。I'd better get going. でもOKです。

15 だいたいの目安を知りたいとき

日本人の惜しい英語

How long does it take?
何分かかりますか？

▼

もっと伝わる英語

About how long does it take?
だいたいどれくらいかかりますか？

文頭にaboutをつけると、「正確でなくてもいいので、だいたいの時間を教えてください」「おおよその時間を教えていただくだけでいいのですが」というニュアンスになります。これなら相手も気軽に答えられますね。

- **Where did you lose it?**
  どこでなくしたの？

→ **About where did you lose it?**
  だいたいどの辺りでなくしたの？

- **How much is it?**
  いくら？

→ **About how much is it?**
  だいたいいくらくらいですか？

- **When will you finish?**
  いつ終わりそう？

→ **About when will you finish?**
  だいたいどのくらいで終わる？

CHAPTER 2 | ネイティブに嫌われない英語

16 | 「クビになった」と伝えるとき

日本人の惜しい英語
I was fired.
会社をクビになった。

▼

もっと伝わる英語
I was let go.
会社を解雇された。

会社をクビになったことを伝えるのは辛いもの。I was fired. はストレートに「クビになったよ」という意味なので、言うほうも聞かされるほうも気が重くなります。そこで I was let go. という表現が役立ちます。これだと「解雇された」となり、自分の過失が原因か、会社側の事情で解雇になったのか、理由がはっきりわかりません。伝える側も聞く側も負担が少なくてすみます。

17 | 「病気になってしまって…」と言いたいとき

日本人の惜しい英語
I was sick.
病気だったから。

▼

もっと伝わる英語
I got sick.
病気になってしまって。

欠席や欠勤の理由を聞かれたときに、I was sick. と言うと、事実だけを述べている感じに聞こえます。一方の I got sick. は「病気になってしまいまして」というニュアンス、つまり「申し訳ない」という気持ちが込められているようになり、よりソフトな印象になります。

18 ちょっと遠慮したいとき

日本人の惜しい英語
（誘われて）**No.**
結構です。

▼

もっと伝わる英語
（誘われて）**Nah.**
ちょっと遠慮しておくよ。

食事や飲み会などに誘われたときに、No. と答えると、つっけんどんに「結構です」というニュアンスになってしまいます。その代わりに Nah. を使えば「いや〜、今回はちょっと遠慮しておきますよ」というソフトな感じに聞こえます。しかし、フォーマルな場では No, ... の後に続けて理由を述べるほうが適していることがあるので、状況に応じて使い分けましょう。

19 「いいねぇ」と言いたいとき

日本人の惜しい英語
（誘われて）**Yes.**
はい。

▼

もっと伝わる英語
（誘われて）**Yeah.**
いいねぇ。

友人や同僚の誘いに乗るときには、Yes. のような堅苦しい答え方ではなく、Yeah. という表現がよりうれしそうに答える感じがするのでおすすめです。「いいねぇ」「ええ、いいですよ」といったニュアンスです。ただし、フォーマルな場では Yes, ... のほうが適していることもあります。

CHAPTER 2 | ネイティブに嫌われない英語

20 「もうちょっとだけ待ってください！」と言いたいとき

日本人の惜しい英語
We're not ready.
（準備ができるまで）ちょっと待ってください。

▼

もっと伝わる英語
We're not quite ready.
（準備ができるまで）もうちょっとだけ待ってください。

quiteをつけると、よりやわらかい印象の口ぶりになります。レストランで、注文を取りにきたウェイターに待ってもらうときにはぴったりの言い方ですね。not quiteは「まったく〜とは言えない」という意味。

21 「これといって特に何も…」と言いたいとき

日本人の惜しい英語
（店員に）**I'm not looking for anything.**
何も探してません。

▼

もっと伝わる英語
I'm not looking for anything in particular.
これといって特に探していません。

店員に「何かお探しですか？」と聞かれたとき、特に探しているものがないときにはこのように答えると、とても感じよく聞こえます。2語でNothing particular.「いえ、特に」と言っても同じニュアンスです。

22 相手の発言が信じられないとき

日本人の惜しい英語
I don't believe you.
あなたの言うことは信じません。

▼

もっと伝わる英語
I have some doubts.
さあ、それはどうでしょうか。

I don't believe you.だとyouが強調され、「おまえの言うことなんか信じない」とでも言っているように聞こえてしまいます。I have some doubts.にすれば、「相手を疑っているのではなく、与えられた情報に疑問がある」というニュアンスになるのです。

23 「彼は変わった人」だと伝えたいとき

日本人の惜しい英語
He's strange.
彼は変だ。

▼

もっと伝わる英語
He's unique.
彼は独特だ。

strange「変な」ということばを使ってしまうと、言われた人は侮辱されたと思い、傷ついてしまいます。このような直接的な言い方は避け、もう少し婉曲な言い方をしてみましょう。uniqueは「独特な」という意味の表現。これなら侮辱にはあたりませんね。同じくHe's eccentric.やHe's unusual.またはHe's creative.などと言ってもOKです。

CHAPTER 2 | ネイティブに嫌われない英語

24 | 遠慮させてもらいたいとき

日本人の惜しい英語
I don't want to talk about it.
言いたくない。

▼

もっと伝わる英語
I'd rather not talk about it.
言うのは遠慮させてください。

何か意見を求められたときの答え方です。I'd rather not...とすると、「〜はあまりしたくないのですが」「〜をするのは遠慮させてください」という落ち着いた断りのことばになります。I don't want to talk about it. では、少々ぶっきらぼうです。

25 | トイレに行きたいとき

日本人の惜しい英語
I need to go to the bathroom.
トイレに行きたい。

▼

もっと伝わる英語
I need to excuse myself for a minute.
ちょっと失礼します。

「トイレに行く」とはっきりとは言えない状況のときには、I need to excuse myself for a minute. と言って席を立てばOK。「ちょっと失礼します」「すぐに戻ります」といったニュアンスです。I need to do something quickly. や I just need a break for a minute. なども同じニュアンス。こちらもおすすめです。

26 失敗してしまったとき

日本人の惜しい英語
I forgot your email address.
あなたのメールアドレスを忘れてしまいました。

もっと伝わる英語
It seems I lost your email address.
メールアドレスを忘れてしまったようでして。

It seemsをつけると「〜してしまったようです」「〜のようなのですが」と困惑しながら話す感じがよく出ます。失敗したときなどにはこういったソフトな言い方が望ましいですね。

- **I lost my key.**
  カギをなくしたよ。

→ **It seems I lost my key.**
  カギをなくしてしまったようなのですが。

- **She forgot about the party.**
  彼女はパーティのことを忘れちゃったよ。

→ **It seems she forgot about the party.**
  彼女はパーティのことを忘れてしまったようだね。

- **We're a little late.**
  ちょっと遅れてるよ。

→ **It seems we're a little late.**
  ちょっと遅れちゃってるみたいだね。

CHAPTER 2 | ネイティブに嫌われない英語

27 | 発言したくないとき

日本人の惜しい英語
I don't want to tell you.
あなたには教えたくありません。

▼

もっと伝わる英語
I don't want to say.
そのことについてはあまり言いたくないです。

don't want to tell youは直接的で、「あなたには教えたくない」と言っているように聞こえます。don't want to sayにすると、相手が誰だろうと「その話をあまりしたくない」というソフトなニュアンスのひと言に変わります。

28 | 「安い洋服ばかり着ている」と指摘したいとき

日本人の惜しい英語
She dresses cheap.
彼女は安物ばかり着ている。

▼

もっと伝わる英語
She doesn't like to spend money on clothes.
彼女は洋服にお金をかけるのが好きではない。

前者の言い方ではあまりにもストレートすぎ。cheapには「金額が安い」という意味もありますが、「安っぽい」というネガティブな意味もあり、侮辱に聞こえてしまいます。She doesn't like to spend money on clothes.「彼女は服にお金をかけるのが好きではない」なら、相手をバカにしているような感じはなくなりますね。

29 「なまけている」と指摘したいとき

日本人の惜しい英語

He's lazy.
彼はなまけものだ。

▼

もっと伝わる英語

He works at his own pace.
彼は自分のペースで仕事する。

work at one's own pace は「自分のペースで仕事をする」「マイペースである」という意味の言い回し。これで、遠回しに「仕事が遅い」「なまけてる」と伝えます。

30 「嫌い」とやんわりと伝えたいとき

日本人の惜しい英語

I don't like it.
それは嫌いなんです。

▼

もっと伝わる英語

I'm afraid I don't care for it.
申し訳ないのですが、あまり好きではありません。

文頭に I'm afraid「残念だけど、申し訳ないのですが」をつけると、語調がきつくなりすぎないのでおすすめです。care for... は「〜を気に入っている」という意味。好みについて話すときには、こちらのほうが落ち着いた感じがするので、より語調がやわらぎます。

CHAPTER 2 | ネイティブに嫌われない英語

31 | 悩んでいる人に声かけしたいとき

日本人の惜しい英語
What's your problem?
何か文句でもあるのか？

▼

もっと伝わる英語
What's the problem?
何か相談したいことでもあるのか？

様子のおかしい相手を心配して声をかけるときには、What's the problem? という表現を使います。相手を思いやる気持ちが込められたひと言です。What's your problem? と言ってしまうと「文句でもあるのか？」とケンカを売っているように聞こえてしまいます。

32 | 「なんて人だ！」と吐き捨てたいとき

日本人の惜しい英語
Asshole!
なんて野郎だ！

▼

もっと伝わる英語
Some people!
なんていう人だ！

誰だってついつい汚いことばを吐きたくなることもありますよね。でもAsshole! などという下品なことばを使ってしまうと、自分の品格まで疑われてしまいます。こんなときにはSome people! という表現を使うとよいでしょう。「なんてひどい人だ！」「まったく！」といったニュアンス。これはSome people like you make me very angry. を短くした表現。

33 悪口をうまく言いたいとき

日本人の惜しい英語
She's difficult to get along with.
彼女はイヤな女だ。

▼

もっと伝わる英語
She can be difficult to get along with.
彼女には難しいところがある。

She's... と言うと「彼女はこういう人」と断言していることになります。「疑いなくイヤな女」のニュアンスです。後者のようにShe can be... という言い方をした場合には「〜な面もある」、つまり「場合によっては〜だ」という程度の指摘になります。遠回しに人の悪口を言うならこの言い回しがおすすめです。

34 「バカ」と言いたいとき

日本人の惜しい英語
He's stupid.
彼はバカだ。

▼

もっと伝わる英語
He's not a deep thinker.
彼は考えが足りない。

deep thinkerは「ものごとを深く考える人」という意味。not a deep thinkerと言った場合には、遠回しに「バカ」と言っていることになります。

COLUMN:1
"How are you?" は時代遅れ?!

「元気?」と言いたくて、
How are you?
を使っていませんか?

How are you? I'm fine. Thank you.
というやりとりを、学校で習ったからということで、
あいさつと言えばこればかり使っている方、
いらっしゃいませんか?

実は、このやりとり、
ネイティブは、親しい友だちの間ではあまり使いません。
少々かしこまったあいさつなので、
よそよそしく聞こえてしまうからです。

では、どう言ったらいいのでしょうか?
ネイティブ流に友だち同士であいさつするなら、
後ろにdoing?をつけて、
How are you doing?
これだけで、ぐっとフレンドリーさが増した、
普段使いのあいさつになります。

ほかにも、押さえておきたい、
フレンドリーなあいさつ表現をいくつか紹介します。

フレンドリーなあいさつ
「やあ、元気？」「調子どう？」
といったニュアンスを伝えるフレーズ

How's it going?
調子はどう？

What's new?
変わったことはない？

How are things with you?
いかがお過ごしですか？

How goes it?
最近どうしてる？

How are things?
順調ですか？

What's up?
やぁ、元気？

How's business?
仕事の調子はどうですか？

How's everything going?
元気にやってる？

How goes it with you?
最近どう？

How's everything?
お元気ですか？

COLUMN 1 | "How are you?" は時代遅れ?!

▍フレンドリーなあいさつの返し方
あいさつへの返事もフレンドリーにしたいところ。
ネイティブがよく使う表現を紹介します。

Great.
絶好調です。

Couldn't be better.
最高です。

I can't complain.
まあまあだよ。

Not bad.
悪くないよ。

No complaints.
不満はないよ。

▍ちょっと元気じゃない時の返し方
時には調子が悪い時も。
そんな時に使えるフレーズ。

Not so well.
あまりよくないな。

Not too good.
元気ではありません。

Not very well.
あまりよくありません。

Not so great.
いまいちです。

ちなみに、最悪のときには、Lousy. などと言います。

COLUMN:2
「今」の英語を話そう

日本語にも「死語」という言葉があるように、英語にも今では使われなくなってきている古臭い言い回しがたくさんあります。そして、残念なことに、みなさんが学校で習った英語の中には、こういった古臭い言い回しがけっこうたくさんあります。古い英語は間違いではないのですが、ネイティブはほとんど使いません。それに、せっかく覚えた英語なのに、時代遅れだと思われてしまうなんてさみしいですよね。ここでは、古い英語の文章をいくつかピックアップして紹介します。今使われている新しい英語を比較しながら見てみましょう。

ピアノを弾くのが好きです。
古い英語 I am fond of playing the piano.
今の英語 I like playing the piano.

笑わずにはいられなかった。
古い英語 I could not but laugh.
今の英語 I couldn't help laughing.

ご親切にありがとうございます。
古い英語 It's kind of you to say so.
今の英語 It's kind of you to say that.

COLUMN 2 | 「今」の英語を話そう！

彼女には助けてくれる友達がいない。
- 古い英語 She has no friend to help her.
- 今の英語 She doesn't have a friend to help her.

成功したければ、
必死に働かなければならない。
- 古い英語 If you are to succeed, you must work hard.
- 今の英語 If you want to succeed, you have to work hard.

来てもらえたらいいのですが。
- 古い英語 I should be very glad if you can come.
- 今の英語 I hope you can come.

ここではタバコは控えてください。
- 古い英語 You are not to smoke here.
- 今の英語 You shouldn't smoke here.

会議に備えて早めにベッドに入りました。
- 古い英語 I went to bed early so as to be ready for the meeting.
- 今の英語 I went to bed early to be ready for the meeting.

何時に起きますか？
- 古い英語 What time do you rise?
- 今の英語 What time do you get up?

犬は忠実な動物です。
- 古い英語 A dog is a faithful animal.
- 今の英語 Dogs are faithful animals.

怒らないように気をつけて。
- 古い英語 Mind you not to get angry.
- 今の英語 Be careful not to get angry.

都会に住むのは便利だ。
- 古い英語 It's convenient living in the city.
- 今の英語 Living in the city is convenient.

こんなに早く来てくれてありがとう。
- 古い英語 Thank you for your coming so soon.
- 今の英語 Thanks for coming so soon.

彼が私たちにウソをついているのが気に入らない。
- 古い英語 We don't like his lying to us.
- 今の英語 We don't like him lying to us.

彼女は昨日会った先生です。
- 古い英語 She is the teacher whom I met yesterday.
- 今の英語 She's the teacher I met yesterday.

CHAPTER 3
丁寧すぎる英語に注意！

丁寧な表現は、時に、相手が冷たく突き放されていると感じてしまうことがあります。また「バカ丁寧」だと、逆に相手をイライラさせてしまうことも。英語は特にフレンドリーな言葉。丁寧な言葉を話しがちで、学校でも、丁寧な英語しかほとんど習わない日本人の皆さんは要注意です！

ここで身につけたいテクニック

- 前置きと付加疑問文で演出
- 感嘆詞で気持ちをもっと伝える
- 提案するなら疑問文で
- どうせ褒めるなら最上級で
- 伝わるニュアンスに気を配って

CHAPTER 3 | 丁寧すぎる英語に注意！

01 「～ですよねぇ」「～じゃない？」と言いたいとき

日本人の惜しい英語
It's great weather.
いい天気ですね。

▼

もっと伝わる英語
It's great weather, isn't it?
いいお天気だよね～!

付加疑問文にするだけで、「～ですよねぇ」「～じゃありませんか」といった、とてもカジュアルでフレンドリーな口ぶりになります。

付加疑問文はbe動詞や助動詞が対になっています。たとえば、

- **She's so kind.**
  彼女はとてもやさしい。

なら、同じbe動詞を否定形にして後につけます。

→ **She's so kind, isn't she?**
  彼女って本当にやさしいよね。

その他の例を紹介します。

- **These strawberries taste great, don't they?**
  このイチゴ、すごくおいしいよね～。

- **This train sure is fast, isn't it?**
  この電車って本当に速いよね。

- **We're too busy, aren't we?**
  僕たちってちょっと忙しすぎるよね。

02 「もしかして、〜できたりします？」と言いたいとき

日本人の惜しい英語
Can we use this coupon?
このクーポンは使えますか？

もっと伝わる英語
Can we use this coupon, by any chance?
もしかして、このクーポンって使えたりしますか？

by any chanceを文末につけることで、「もしかして」「ひょっとして」と、期待を込めながら話す感じが出せます。とてもフレンドリーな言い回しです。By any chance, ...のように、文頭につけてもOK。また、by chanceもよく使います。

03 「ちょっとお聞きしますが、〜」と言いたいとき

日本人の惜しい英語
Does this come in a larger size?
もっと大きなサイズはありますか？

もっと伝わる英語
I'm just wondering, does this come in a larger size?
ちょっと知りたいのですが、これで大きなサイズはありますか？

I'm just wondering... は「ちょっとお聞きしますが」といったニュアンス。質問をするときによく使う前置きのことばです。これをつけるだけで、とてもフレンドリーに話しかけている感じになります。ちなみに、ひとりごとを人に聞かれてしまったときには、I was just wondering out loud.「声を出して考えていただけ」というごまかし方をよくします。

CHAPTER 3 | 丁寧すぎる英語に注意！

04 「とっても元気だよ！」と言いたいとき

日本人の惜しい英語
Fine, thank you.
元気です、ありがとう。

▼

もっと伝わる英語
Pretty good.
とっても元気だよ。

How are you doing?「元気?」などとあいさつされたときの答え方です。Fine, thank you. は少々かしこまった響きがあり、友人同士などの親しい間柄で使うにはやや不向きです。カジュアルな場面ならPretty good. がおすすめ。「とっても元気だよ」「調子いいよ」といったニュアンスのフレンドリーな返し方です。同意表現のNot bad at all. やReally good. などもおすすめ。

05 「もちろん喜んで！」と言いたいとき

日本人の惜しい英語
Okay.
わかった。やります。

▼

もっと伝わる英語
Say no more.
もちろん、喜んで。

Say no more. は、頼まれごとを喜んで引き受けるときのとてもフレンドリーな言い方で、直訳は「それ以上言わなくてもいいですよ」となります。You don't have to say anything more. を短く言った形です。Say no more. What are friends for?「もちろんだよ。友だちじゃないか」などと、他の表現と組み合わせて使ってみるといいですね。

078

06 「本当に、すごく〜！」と言いたいとき

日本人の惜しい英語
This is a beautiful home.
とてもステキなお宅ですね。

▼

もっと伝わる英語
I must say, this is a beautiful home.
本当に、すごくステキな家に住んでいるんですね。

I must say, ... は「いや〜本当に」「とっても〜」というニュアンスのフレンドリーなひと言。この例文のように、ほめことばの前につけると、気持ちがぐっと伝わります。I must say, ... は「普段は言うことはないが、あまりにも〜だから言わずにはいられない」のような気持ちを表現しています。

- **I must say, you're an excellent cook.**
 本当に、料理がお上手なんですね。

- **I must say, this is a beautiful view.**
 いや〜、まさに最高の眺めですね。

- **I must say, your children have wonderful manners.**
 お子さん、本当にお行儀がいいんですね。

- **I must say, this is a beautiful painting.**
 本当に美しい絵でびっくりしましたよ。

CHAPTER 3 | 丁寧すぎる英語に注意！

07 「もしできれば、〜」と言いたいとき

日本人の惜しい英語
I'd like to have an extra pillow.
枕を余分にほしいのですが。

もっと伝わる英語
I'd like to have an extra pillow, if it's okay.
もしできたら、枕を余分にもらいたいんですが。

頼みごとをするとき、文末に if it's okay あるいは if you don't mind をつけると、「そうしていただけるなら」「もし可能であれば」というニュアンスが加味されます。丁寧かつフレンドリーで好印象の言い回しですので覚えておきましょう。

08 「どうぞ座って！」と言いたいとき

日本人の惜しい英語
Please sit down.
座りなさい。

もっと伝わる英語
Have a seat.
さ、どうぞ座って。

Please sit down. は、「席についてください」「お座りなさい」といったニュアンスで、親が子ども、あるいは教師が生徒に命令しているという感じです。相手にイスをすすめるなら、Have a seat. と言うのが自然です。または、Take a seat. と言っても「まあ座ってよ」という気さくなひと言になり、家族や知人、同僚に席をすすめるときに使います。

09 お礼の言葉に返事をしたいとき

日本人の惜しい英語
You're welcome.
どういたしまして。

▼

もっと伝わる英語
You bet.
いいの、いいの。

お礼のことばへの返事です。状況によっては、You're welcome.だと少し堅苦しく聞こえてしまうかもしれません。また、「感謝されて当然」とでも言っているように聞こえてしまうことも。カジュアルな場面なら、You bet.がおすすめ表現です。「いいってことよ」「別にいいんだよ」「いいの、いいの」といったニュアンスです。

10 ほめたいとき

日本人の惜しい英語
This is delicious!
これはおいしい!

▼

もっと伝わる英語
Wow! This is delicious!
ワォ!これはいける!

日本語だと恥ずかしくなってしまいそうですが、英語の場合は、これくらいオーバーに言わないとうれしさがストレートに伝わりません。Wow!はどちらかというと男性的、Oh!はどちらかといえば女性的と言えますが、さほど気にする必要はありません。

CHAPTER 3 | 丁寧すぎる英語に注意！

11 | 感謝したいとき

日本人の惜しい英語

We had a good time.
楽しかったです。

▼

もっと伝わる英語

We had a good time, thanks to you.
ありがとう、楽しかったよ。

どうせなら、thanks to you とお礼のことばも添えてみましょう。「あなたのおかげで」という意味です。Thanks to you, we had a good time. という語順も可能ですが、どちらかというとネイティブは thanks to you を文末につけることを好みます。

12 | 感激したとき

日本人の惜しい英語

This looks delicious.
おいしそう。

▼

もっと伝わる英語

Mm! This looks delicious.
わ～！ おいしそう。

Mm! は感激を表現するときによく使われる感嘆詞です。これで、感激がきちんと相手に伝わって、フレンドリーな感じになります。この他に Oh! や Wow!、Oh, boy! などを使うと感激の気持ちがよく伝わります。

13 「～するほうがよくない？」と提案したいとき

日本人の惜しい英語
That music is too loud.
その音楽、ちょっとうるさいよ。

▼

もっと伝わる英語
Don't you think the music is a little loud?
ちょっとそれ（その音楽）、大きくない？

どちらも意味は同じだけど、後者のように疑問文にすると、語勢が弱まり丁寧になることが多いのです。これで命令口調ではなくなり、フレンドリーに提案する言い方になります。

- **We have to leave early.**
  早く出発しなければ。

→ **Don't you think we should leave early?**
  早く出発したほうがよくない？

- **It's too cool in here.**
  ここは寒すぎる。

→ **Don't you think it's cool in here?**
  ここって寒すぎるよね？

Don'tをDoに入れ替えてもニュアンスはほとんど変わりません。

- **Do you think we should make copies?**
  コピーとっておいたほうがいいよね？

- **Don't you think we'd better cancel the meeting?**
  会議はキャンセルしたほうがよくない？

CHAPTER 3 | 丁寧すぎる英語に注意！

14 「結構です」と言いたいとき

日本人の惜しい英語
No, thank you.
いいえ、結構です。

▼

もっと伝わる英語
Thanks, but no thanks.
ありがとう、でもやめとく。

単に No, thank you. と言うだけだと、少しつっけんどんに聞こえてしまうかもしれません。Thanks, but no thanks. は「気持ちはありがたいけど、やめておくよ」という、親しい間柄でよく用いられる表現です。

15 「どういたしまして」と言いたいとき

日本人の惜しい英語
You're welcome.
どういたしまして。

▼

もっと伝わる英語
You're so welcome.
どういたしまして。お役に立ててよかった。

感謝の気持ちをもっと込めたいなら、間に so を入れてみましょう。「お役に立ててとてもうれしいです」という気持ちが伝わる、とてもフレンドリーなひと言になります。または、You're ever so welcome. と言っても OK です。会話で気持ちを伝えるときには、very や really の代わりに so という単語をよく使います。ただし、文書では、so の使い過ぎは軽い人だと思われてしまうので注意。

16 「一緒にいかが？」と誘いたいとき

日本人の惜しい英語
Would you please join us for breakfast?
朝食をご一緒にいかがですか？

▼

もっと伝わる英語
Join us for breakfast!
朝食を一緒にいかが？

Join us for... 「〜を一緒にしましょう」という言い回しを覚えておきましょう。一方の Would you please join us for breakfast? は、かしこまりすぎて、相手に断りにくい印象を与えてしまうかもしれません。かえって命令に聞こえてしまうことがあります。

17 「おもしろい」と言いたいとき

日本人の惜しい英語
That's interesting.
おもしろいですね。

▼

もっと伝わる英語
That's something.
これはおもしろい！

That's something. は、「これはすごい」「これはおもしろい」のどちらの意味でも使えます。That's really something special. を短くした言い方。That's SOMEthing. のように some を強調して言いましょう。

CHAPTER 3 | 丁寧すぎる英語に注意！

18 | 「手伝うよ！」と大親友に言いたいとき

日本人の惜しい英語
I'm happy to help.
喜んで手伝います。

▼

もっと伝わる英語
What are friends for?
何言っているのさ、友だちじゃないか。

What are friends for? は直訳すると「友だちは何のためにあるのか？」、転じて「友だちじゃないか」のニュアンスに。「水くさいなぁ」といった気持ちが込められています。仲の良い友だち同士ならではのフレンドリーなフレーズですね。

19 | 試験を控えた人にひとこと言いたいとき

日本人の惜しい英語
I hope you pass the test.
受かるといいですね。

▼

もっと伝わる英語
I know you'll pass the test.
絶対に受かりますよ。

この場合、I know you'll pass the test. と言ってあげたほうが、ずっとフレンドリーに聞こえます。「受かるといいね」と言われるよりも「絶対に大丈夫」と言ってほしいものですよね。また、I hope... には、さりげない脅しのニュアンスが込められることもあります。たとえば、I hope you're not late again. は「遅れないでほしい」というより「また遅れるとどうなるかわかっていますよね」というメッセージが含まれているのです。

20 遅刻してきた人にひとこと言いたいとき

日本人の惜しい英語
I've been waiting for a long time.
長いことお待ちしてました。

▼

もっと伝わる英語
Better late than never.
遅れてでも、来てくれてよかったよ。

Better late than never. は、「遅れても来ないよりはまし」という意味の慣用句です。このような状況で使うと、「来てくれただけでもよかったです」というとても好印象のひと言になります。I've been waiting for a long time. では、イライラ感丸だしになってしまいますね。

21 ペットをほめたいとき

日本人の惜しい英語
You have a cute dog.
かわいい犬ですね。

▼

もっと伝わる英語
You have the cutest dog.
もう最高にかわいい犬ですね。

どうせほめるなら最上級のほめことばを使ってみましょう。You have the cutest dog in the world. また You have the cutest dog I've ever seen. などと、より大げさに言うこともよくあります。これだけ言っても、ネイティブの耳にはさほどオーバーには聞こえません。とてもフレンドリーな感じになりますよ。

CHAPTER 4

TPOに合わせた英語

人にお願いをするとき、あるいは、何かを教えてもらう時は、英語でも丁寧な言葉遣いを心がけたいもの。特にビジネスシーンでは、相手に気持ちよくこちらの要望を聞いてもらえるよう、丁寧に話をする必要があります。ちょっとした言い方やクッションの置き方で、伝わり方がかなり変わるので気を付けましょう！

ここで身につけたいテクニック

- 腰の低い印象になる言い回し
- ひと言加えて謙虚に
- やわらかい印象の依頼の仕方
- 接客時の言葉遣い
- 初対面、目上の方には丁寧に

CHAPTER 4 | TPOに合わせた英語

01 「やっぱり無理そうです」と言いたいとき

日本人の惜しい英語
I can't go to your party.
パーティには行けません。

▼

もっと伝わる英語
I really can't go to your party.
パーティに行くのはやっぱり無理なんです。

ふつうreallyがつくと文意が強調されますが、ここではちょっとニュアンスが違ってきます。実はこのreallyがあるために、「行きたいのですが、大事な用があって行けないのです」という申し訳なさそうな感じになります。後者のほうがずっと丁寧に聞こえるのです。

02 「お手数ですが…」と言いたいとき

日本人の惜しい英語
Can I have some extra towels?
タオルを余分にください。

▼

もっと伝わる英語
Could I bother you for some extra towels?
お手数ですが、タオルを余分にいただけますか?

botherは「わずらわせる」という意味。Could I bother you forをつけると、「(お手を)わずらわせて申し訳ございませんが」という、謙虚な気持ちが込もった丁寧な言い方になります。

03 「もしできれば、」と言いたいとき

日本人の惜しい英語
I'd like an aisle seat.
通路側の席をお願いします。

▼

もっと伝わる英語
I'd like an aisle seat, if possible.
できれば通路側の席がいいのですが。

I'd like..., if possible. は「できれば〜がいいのですが」と控えめに希望を述べるときの言い方です。後に if possible をつけ加えるだけで、これだけ腰の低い印象に変わります。

- **I'd like to leave early, if possible.**
  できれば早退させていただきたいのですが。

- **I'd like to buy this, if possible.**
  こちらを購入できないかと考えているのですが。

if節を文頭に置いて、If it would be okay, ... 「できましたら」や、If at all possible, ... 「可能なら」などと言っても同じニュアンスになります。

- **If it would be okay, I'd like to try this on.**
  できたら試着をしてみたいのですが。

- **If at all possible, I'd like to borrow your car.**
  可能であれば車を貸してほしいのですが。

CHAPTER 4 | TPOに合わせた英語

04 「～していただけませんでしょうか？」と言いたいとき

日本人の惜しい英語

Could I change my reservations?
予約を変更できますか？

▼

もっと伝わる英語

Could I possibly change my reservations?
予約の変更をしていただくことはできますでしょうか？

「どうにかして」という意味のpossiblyという単語を間にはさむだけで、とても低姿勢で慎ましい言い方になります。

---

05 「ちょっとすみません…」と言いたいとき

日本人の惜しい英語

Does this road go to the museum?
美術館へはこの道でいいですか？

▼

もっと伝わる英語

Can I ask, does this road go to the museum?
ちょっとすみません。美術館へはこの道でいいのですか？

道ばたで人にものをたずねるときには、「すみませんが」「ちょっとお聞きしますが」と切り出してからたずねるのがふつうです。いきなり「～はどこですか？」とは言いませんよね。英語でこのことばに相当するのが、Can I askです。見ず知らずの人に道をたずねるのですから、きちんと礼儀をわきまえたことば遣いをしたいですね。

06 「すぐにやります！」と言いたいとき

日本人の惜しい英語
I'll do it as soon as possible.
手が空いたらやります。

もっと伝わる英語
I'll do it right away.
すぐにやります。

as soon as possibleという表現はビジネスでもよく使いますが、これは「いますぐ」というよりも「いま忙しいからもうちょっと待って」という気持ちを伝えるときに使うのがふつうです。「すぐにいたします」と伝えたいなら、I'll do it right away. と言うのがベストでしょう。

07 「もし時間があるようでしたら…」と言いたいとき

日本人の惜しい英語
Are you busy today?
今日、忙しい？

もっと伝わる英語
I'd like to invite you to a movie, if you have time.
もし時間があるようなら映画でもと思いまして。

何の前置きもなくAre you busy today?ではマナー違反です。家族や親しい仲間内であれば問題ありませんが、そうでない場合はI'd like to invite you to..., if you have time.「時間があるようでしたら、〜にお誘いしたいのですが」という丁寧な言い回しを使ってみましょう。ネイティブにとっては常識のマナーです。

CHAPTER 4 | TPOに合わせた英語

08 「～してもかまいませんでしょうか？」と言いたいとき

日本人の惜しい英語

Can we change tables?
テーブルを移ってもいいですか？

▼

もっと伝わる英語

Would it be okay if we changed tables?
テーブルを移動してもかまいませんでしょうか？

Would it be okay if...?「～してもかまいませんでしょうか？」は、許可を求めるときのとても感じのいい言い方です。こういった場面では、お客さまとはいえ、できるだけ丁寧なことば遣いを心掛けたいところです。

09 「恐れ入りますが～していただけますか？」と言いたいとき

日本人の惜しい英語

Could you call a taxi for me?
タクシーを呼んでください。

▼

もっと伝わる英語

Would you be so kind as to call a taxi for me?
恐れ入りますが、タクシーを呼んでいただけますか？

Would you be so kind as to...? は「恐れ入りますが～していただけますでしょうか？」という意味の、とても丁寧な言い回しです。状況によっては、これくらいへり下った印象を与える言い方が役立つこともあります。

10　できるだけ丁寧に言いたいとき

日本人の惜しい英語

Book me an earlier flight, please.
もっと早い便の予約をしてください。

▼

もっと伝わる英語

I'd like to ask if you could book me an earlier flight.
もっと早い便の予約をお願いしたいのですが。

人に頼みごとをするときにはできるだけ丁寧な言い方をしたいところです。I'd like to ask if you could...「〜をお願いしたいのですが」という言い回しを覚えておきましょう。とても低姿勢で、慎しみ深い印象を与えてくれます。

11　「〜していただいてもかまいませんか？」と言いたいとき

日本人の惜しい英語

Do you mind if I join you?
仲間に入れてもらってもいい？

▼

もっと伝わる英語

Would you mind if I joined you?
仲間に入れていただいてもかまいませんか？

どちらも意味は同じですが、後者のほうがより丁寧に聞こえます。
ちょっとした違いですが、状況に応じてこういった微妙な言い回しの使い分けができるようになれば、英語上級者の仲間入りです。

CHAPTER 4 | TPO に合わせた英語

12 「失礼いたします」と言いたいとき

日本人の惜しい英語

Excuse me.
ちょっとすみません。

▼

もっと伝わる英語

Pardon me.
失礼いたします。

Excuse me. も丁寧ですが、これをさらに丁寧にした言い方が Pardon me. です。別の人と会話中の相手に話しかけるときや、途中退席するときなどに使えます。この場合は、必ず下がり調子で発音しましょう。上がり調子だと「もう一度言ってください」の意味に。

13 「ちょっとお願いがあるのですが〜」と言いたいとき

日本人の惜しい英語

Would you take a picture of us?
シャッターを押していただけますか？

▼

もっと伝わる英語

Would you do me a favor and take a picture of us?
ちょっと頼みたいのですが、シャッターを押していただけますか？

do me a favor を間に入れると、「お願いしてもいいでしょうか」というニュアンスの、やわらかい印象の依頼表現になります。Would you do me a favor? だけなら「お願いがあるのですが」と切り出すひと言になります。

14　「〜してもよろしいですか？」と言いたいとき

日本人の惜しい英語

Coffee, please.
コーヒーください。

▼

もっと伝わる英語

Could I trouble you for some coffee, please?
コーヒーをお願いしてもよろしいですか？

Could I trouble you for..., please?は「〜を持ってきていただいてもよろしいですか？」というニュアンスのとても丁寧な頼み方です。

● **Could I trouble you for a lighter?**
ライターをお借りできますか？

● **Could I trouble you for a few minutes?**
ちょっとお時間をよろしいですか？

質問をするときにもこの言い回しが使えます。とても丁寧な質問の仕方なので、目上の人や初対面の人に対して使うのに適した言い回しです。

● **Could I trouble you for directions?**
道をおたずねしてもよろしいですか？

おすすめの料理をたずねるときや、おすすめの場所を教えてもらうときなどにも使えます。

● **Could I trouble you for some advice?**
アドバイスをいただきたいのですが。

CHAPTER 4 | TPO に合わせた英語

15 │「お手数でなければ〜」と言いたいとき

日本人の惜しい英語
Could you leave him a message?
彼に伝言を残してもらえますか？

▼

もっと伝わる英語
If it's not any trouble, could you leave him a message?
お手数でなければ、彼に伝言を残していただけますか？

If it's not any trouble は、日本語の「お手数でなければ」という表現に相当します。これを加えることで、文章の丁寧度がグッと増します。

16 │「他に必要なものはございますか？」と言いたいとき

日本人の惜しい英語
What else do you want?
後は何がほしい？

▼

もっと伝わる英語
Anything else I can do for you?
他に必要なものはございますか？

接客時のことば遣いには十分な注意を払いたいもの。「他に何かほしいものはございますか？」とたずねるなら、Anything else I can do for you? という表現がとても丁寧で誠実な印象を与えるのでおすすめです。

17 | 「踊りませんか？」と言いたいとき

日本人の惜しい英語
Let's dance.
さあ、踊ろう。

▼

もっと伝わる英語
Shall we dance?
踊りませんか？

Let's dance. は、相手に有無を言わさず「踊りましょう」と強制するニュアンスがあるので、初対面の人には使いません。でもShall we dance? は、「踊りはいかがですか？」と丁寧に、紳士的に誘う印象を与えます。こちらは、相手は嫌なら「ノー」と断ることができますから、初対面の人に使ってもOKです。

18 | 丁寧に同意したいとき

日本人の惜しい英語
Yes.
そのとおりです。

▼

もっと伝わる英語
Certainly.
はい、とても。

Yes.とだけ答えてしまうと、日本語の「はい」と同じで、ややぶっきらぼうに聞こえてしまいます。Certainly.はI certainly would.を短くした言い方で、同意するときの丁寧な答え方です。

CHAPTER 4 | TPOに合わせた英語

19 「〜した方がいいかもね」と言いたいとき

日本人の惜しい英語
You should think about changing jobs.
転職も考えるべきだね。

▼

もっと伝わる英語
You might want to think about changing jobs.
転職することも考えたほうがいいかもね。

You should think about...だと、「〜について考えるべきだ」と相手に自分の意見を押しつける感じです。こう言われたら、相手は「こっちの身にもなれ」と思っちゃうかも。でもYou might want to think about...だと、「〜について考えたほうがいいかもしれないよ」と、相手を軽く促したり、軽く提案するという印象なので、素直に受け入れられそう。

20 「いますぐにうかがいます」と言いたいとき

日本人の惜しい英語
I'm coming.
すぐ行きます。

▼

もっと伝わる英語
I'll be right with you.
いますぐにうかがいます。

相手に呼ばれたときにI'm coming.と返答すると、いつ行くのかはっきりしないし、言い方によっては「ああ、うるさい。行くって言ってるだろ」というニュアンスになってしまいます。でもI'll be right with you.にすれば、「いますぐにうかがいます」「いま行きます」という丁寧なひと言に。

21 「〜してもかまいませんか？」と言いたいとき

日本人の惜しい英語
Can I close the window?
窓を閉めてもいい？

▼

もっと伝わる英語
Do you mind if I close the window?
窓を閉めてもかまいませんか？

Do you mind if...?は「〜してしまってもいいでしょうか？」というニュアンス。相手への思いやりも感じられる、とても丁寧なたずね方です。親しい友人や家族ならCan I...?という聞き方で十分ですが、初対面の人や、目上の人などに対して使うならこちらがおすすめです。

Maybe I should... という言い回しを使ってもほぼ同じニュアンスが出せます。こちらもとても丁寧で「〜させていただいてもいいでしょうか」というニュアンスになります。

- **Maybe I should close the window.**
  窓を閉めさせていただいてもいいですかね。

- **Maybe I should turn off the radio.**
  ラジオを切らせていただいてもいいですかね。

CHAPTER 4 | TPOに合わせた英語

22 「もしご存じでしたら〜」と言いたいとき

日本人の惜しい英語

Do you know where the post office is?
郵便局はどこですか？

▼

もっと伝わる英語

Do you happen to know where the post office is?
つかぬことをお聞きしますが、郵便局の場所をご存じですか？

Do you happen to...?は、「もしかして〜ですか？」という意味です。これを入れると、とても丁寧な印象を与えます。「もしかしてご存じですか」とたずねることで、「知らないなら知らないで結構ですよ」と、こちらが相手を気遣っていることを伝えます。

- **Do you happen to have some cold medicine?**
  風邪薬なんて置いていないでしょうか？

- **Do you happen to have a subway map?**
  地下鉄の路線図などは置いていたりしませんでしょうか？

- **Do you happen to know where the elevator is?**
  エレベーターの場所をご存じではないでしょうか？

- **Do you happen to have some time tomorrow?**
  明日、空いている時間があったりしませんか？

23 | 間接的に断るとき

日本人の惜しい英語
I can't join you.
ご一緒できません。

▼

もっと伝わる英語
I don't think I can join you.
ご一緒できそうもありません。

せっかくの誘いを断るときには、言い方には十分気をつけたいもの。そんなときには、文頭に I don't think をつけた間接的な断り表現を使って、やんわりと断ってみてはいかがでしょうか。

- **We don't have time today.**
  今日は時間がとれません。

→ **I don't think we have time today.**
  今日は時間がとれそうもありません。

- **There's not enough money.**
  お金が足りない。

→ **I don't think there's enough money.**
  どうやらお金が足りなそうなんです。

CHAPTER 5

自然な英語・不自然な英語

いくら文法的に正しい英語を話しても、自然な英語とは限りません。たとえば、カジュアルな場面で堅苦しい言葉を話していたらおかしいですよね。学校で習った英語をそのまま使ってしまうとこういうことが起こりかねません。ネイティブが実際に使っている生きた英語を確認して、会話の流れや雰囲気をこわさないようにしたいものですね。

ここで身につけたいテクニック

- 時代遅れな言葉に注意
- お決まり表現をおさえよう
- ネイティブが使う
  カジュアル表現をチェック
- 軽いニュアンスの言い方を
  身につけよう
- カジュアルな短縮表現を知ろう

CHAPTER 5 | 自然な英語・不自然な英語

01 友人を飲みに誘うとき

日本人の惜しい英語

Let's go drinking tonight.
酔いつぶれるまで飲みまくろう。

▼

もっと伝わる英語

Let's have a drink.
飲みに行こうか。

「ちょっと飲みに行こう」と言うときは、Let's have a drink. と誘います。まぁ結果的に酒量がちょっとではなくなる場合でも、飲みに誘うときはこちらのフレーズか、Let's go for a drink. と誘うのがふつう。Let's go drinking tonight. と誘われたら、ネイティブなら「派手に飲みまくってどんちゃん騒ぎ」の一夜を想像します。

02 別れ際あいさつしたいとき

日本人の惜しい英語

See you later.
では、また。

▼

もっと伝わる英語

Catch you later.
じゃ、またね。

どちらも別れ際に使うあいさつのフレーズですが、Catch you later. のほうがずっとくだけた表現です。「じゃあ、またね」「またね、バイバイ」というカジュアルなニュアンスになります。Later. とひと言だけでもOKです。

03 「虫は嫌い！」と言いたいとき

日本人の惜しい英語
I don't like insects.
昆虫は嫌い。

もっと伝わる英語
I don't like bugs.
虫は嫌い。

普段の会話では「昆虫」ではなく、「虫」と言う人のほうが圧倒的に多いのは英語圏でも同じです。bugは会話的、insectは少し専門的な単語です。ちなみにDon't bug me.と言うと「じゃましないで」という意味になります。

04 「営業です」と言いたいとき

日本人の惜しい英語
I'm a salesman.
セールスマンです。

もっと伝わる英語
I'm a sales rep.
営業です。

salesman、saleswomanのように、性別を含んだ呼称は、いまは時代遅れに聞こえます。sales repと呼ぶほうが印象がずっといいのです。repはrepresentative「代表」の略。セールス担当全般をsales repと呼んでいます。

CHAPTER 5 | 自然な英語・不自然な英語

05 | 職業を伝えたいとき

日本人の惜しい英語
I'm a sales clerk.
販売員です。

もっと伝わる英語
I'm in retail.
販売の仕事をしています。

sales clerk では「店員」「売り子」という印象ですが、in retail だとよりエレガントに「販売の仕事に携わっています」と聞こえます。例:I'm in computers.「コンピュータ関係の仕事をしています」。

06 | 「すっからかんになった」と言いたいとき

日本人の惜しい英語
She spent all her money.
彼女はお金を全部使ってしまった。

もっと伝わる英語
She blew all her money.
彼女はすっからかんになった。

前者は単に「所持金をすべて使い果たした」という意味です。でも後者は「無駄遣いしてすっからかんになった」というニュアンスになります。

07 「明日は寝坊します！」と言いたいとき

日本人の惜しい英語
I'm going to sleep late tomorrow.
明日は遅くまで寝ていることにするよ。

▼

もっと伝わる英語
I'm going to sleep in tomorrow.
明日はちょっと寝坊するよ。

sleep lateは「遅くまで寝ている」という意味ですが、これを言うならsleep inとするほうが自然です。どちらも故意に朝寝坊する場合に使うフレーズ。sleep inは「うっかり寝坊した」というときにも使えますが、その場合、oversleepを用いるほうが一般的です。

08 「日が暮れるまでにはわかるよ」と言いたいとき

日本人の惜しい英語
We'll know before the end of the day.
1日が終わる前までにはわかるでしょう。

▼

もっと伝わる英語
We'll know before the day is out.
日が暮れるまでにはわかるでしょう。

前者のフレーズでもかまいませんが、before the end of the dayよりもbefore the day is outとするほうが英語としても自然ですし、ちょっと洒落ていますね。

CHAPTER 5 | 自然な英語・不自然な英語

09 「本当だよ」と言いたいとき

日本人の惜しい英語
It's the truth.
これは事実です。

▼

もっと伝わる英語
I'm positive.
本当だよ。

truthという単語には堅苦しい響きがあるので、友だちとのカジュアルな会話にはちょっと不向き。代わりにI'm positive. という表現を使ってみましょう。「絶対だよ」「本当だよ」といったニュアンスになります。
ちなみに「私はポジティブな人間だ」と言いたいときには、I'm positive. ではなく、I'm a positive thinker. と言います。

10 「パーティーの準備に取りかかろう！」と言いたいとき

日本人の惜しい英語
Let's prepare for the party.
パーティの準備をしましょう。

▼

もっと伝わる英語
Let's get ready for the party.
さて、パーティの準備に取りかかろう。

prepare for... でももちろん意味は変わりませんが、こちらはどちらかというとprepare for the seminarやprepare for the conferenceのように、大きなイベントに使うとよりぴったりきます。
カジュアルで簡単なパーティの場合は、get ready for... という言い回しのほうが相性がいいですね。

11 「元妻」や「元夫」と言いたいとき

日本人の惜しい英語

She's my former wife.
前妻です。

▼

もっと伝わる英語

She's my ex.
元妻です。

公の場で離婚した配偶者の話題に触れるときはformer wife/husbandと言うのがふつうですが、日常会話ではexという表現をよく使います。ex-wife、ex-husband、ex-boyfriend、ex-girlfriendもよく使うので覚えておきましょう。

- **He's my ex-husband.**
  彼は私の元夫です。

- **My ex-boyfriend called me last night.**
  元カレが昨夜電話してきた。

- **I met my ex-girlfriend today.**
  今日元カノに会っちゃった。

CHAPTER 5 | 自然な英語・不自然な英語

12 「私はそんな人間じゃない！」と言いたいとき

日本人の惜しい英語
That's not the kind of person I am.
私はそういうタイプの人間じゃない。

もっと伝わる英語
That's not who I am.
私はそんな人間じゃない。

前者は日本語に忠実なフレーズですが、ネイティブにはちょっと不自然に聞こえます。この場合、ネイティブならThat's not who I am.と言うのがふつう。自分の意に反することを押しつけられそうになったときなどに使います。

13 「そんなに悪くないよ」と言いたいとき

日本人の惜しい英語
It's not as bad as you think it might be.
あなたが心配するほど悪くはないですよ。

もっと伝わる英語
It's not that bad.
そんなに悪くないよ。

It's not that bad.は「あなたが思っているほど悪くはないですよ」という意味のひと言フレーズです。たとえば、前髪を切りすぎて落ち込んでいる友人に「そんなに悪くないよ」と慰めるときなどに使います。

14 「友だちが結婚する」と言いたいとき

日本人の惜しい英語

My friend is getting married.
友だちが結婚するんだ。

▼

もっと伝わる英語

My friend is getting hitched.
友だちがいよいよ結婚するんだ。

「結婚する」という意味の熟語はたくさんありますが、get hitchedもそのひとつ。hitchは「動物をクイなどにつなぐ」の意。独身時代の自由を失ってしまう、そんな悲哀が伝わってきませんか?

15 「そうしよう!」と言いたいとき

日本人の惜しい英語

That would be nice.
それはいいですね。

▼

もっと伝わる英語

Sounds like a plan.
そうしましょう!

誰かの意見や提案に賛成するとき、Sounds like a plan.は「そうしよう!」「よし、それで決定」といったニュアンスの、とてもネイティブらしいカジュアルなひと言です。

CHAPTER 5 | 自然な英語・不自然な英語

16 「同じように感じます」と言いたいとき

日本人の惜しい英語
I think the same way.
同じ考え方です。

▼

もっと伝わる英語
I feel the same way.
同じように感じます。

相手に同意するときの言い方ですが、つい前者のフレーズを言ってしまっていませんか？これでは「頭の回路が同じ」と言っているようで不自然です。この場合は、feelを使ってI feel the same way.と言えばOKです。

17 冗談の「オチ」がわからないとき

日本人の惜しい英語
I don't understand.
わかりません。

▼

もっと伝わる英語
I don't get it.
わかんないな。

I don't understand.は、どんな場合でも使える標準的な表現。I don't get it.はより口語的で「わかんないなぁ」というニュアンスです。

18 カジュアルに「へーき！」と言いたいとき

日本人の惜しい英語
No problem.
大丈夫ですよ。

▼

もっと伝わる英語
No problemo.
へーき、へーき。

意味はどちらも同じ。でもネイティブの耳には後者のフレーズのほうがよりカジュアルに感じられます。このproblemoはoを加えてスペイン語風の響きを持たせたユーモラスな表現です。No prob.という言い方もあります。All right.「いいよ、わかったよ」をAll righty.またOkay.「わかった」をOkey-dokey.などと言うのもこれと同じような言葉遊びです。

19 電話に出るとき

日本人の惜しい英語
I'm Hiroshi.
ヒロシです。

▼

もっと伝わる英語
This is Hiroshi.
はい、ヒロシですが。

ネイティブのお決まり表現。電話では、I'm Hiroshi.ではなく、This is Hiroshi.と言うのが自然です。直接人と会うときは、I'm Hiroshi.と言って自己紹介します。

CHAPTER 5 | 自然な英語・不自然な英語

20 | 「うっかり」を軽いニュアンスで言いたいとき

日本人の惜しい英語
I forgot about it.
忘れてました。

▼

もっと伝わる英語
It slipped my mind.
うっかりしていました。

「覚えていたはずなのに、うっかりしてしまいまして」と言うときには、ネイティブならIt slipped my mind.という言い回しを使うのがふつうです。I forgot about it.だと「うっかり」という軽いニュアンスではなくなります。

21 | 「ちょっと、見てみて！」と言いたいとき

日本人の惜しい英語
Look at that new sports car!
あの新しいスポーツカーを見て！

▼

もっと伝わる英語
Check out that new sports car!
おい、見てみろよ、あの新しいスポーツカー！

前者はただ「スポーツカーを見て」ということですが、後者は「よく観察しろ」という意味合いも含んでいます。check outは「興味を引く対象物をよく観察、調査する」ということ。Check it out!というフレーズを使えば、車に限らずどんな対象物にでも応用できます。相手が人なら、Check him[her] out!とすればOK。

22 「何か食べる?」と言いたいとき

日本人の惜しい英語

Do you want to get something to eat?
何か食べたいですか?

▼

もっと伝わる英語

Wanna get something to eat?
何か食べる?

会話では、しばしば主語と助動詞を省略します。このほうがより親しみの込もった表現になることがあります。たとえばDo you like it?なら、Like it?とたずねます。

23 職業を自然にたずねたいとき

日本人の惜しい英語

What is your job?
どんな会社で働いているの?

▼

もっと伝わる英語

What do you do?
お仕事は?

What is your job?でも間違いではありませんが、ネイティブには「細かいことまで聞くやつだな」と思われてしまうかもしれません。仕事をたずねるときは、What do you do?と言うほうが自然です。こういったネイティブらしい自然な英語がスッと出てくるようになりたいですね。

CHAPTER 5 | 自然な英語・不自然な英語

24 | 「無事に到着！」と言いたいとき

日本人の惜しい英語
They arrived safely.
彼らは無事に到着した。

▼

もっと伝わる英語
They arrived safe and sound.
彼らは無事に到着した。

safe and soundは、「無事に」という意味。safelyと意味は同じですが、safe and soundのほうがよりネイティブらしくて自然な言い回しといえますね。

25 | 「電気をつけて！」と言いたいとき

日本人の惜しい英語
Turn on the lights.
電気をつけて。

▼

もっと伝わる英語
Hit the lights.
電気つけて。

hitは「打つ」という意味ですが、会話では「何かを始める」という意味でよく使われます。たとえばTime to hit the road.というフレーズは、いま居る場所を離れ、「そろそろ帰ろう」「出かけよう」ということ。音楽をかけてほしいときには、Hit it!というフレーズを使います。Hit the lights.は「電気つけて」という意味になります。

26 「いまちょっといいかな？」と言いたいとき

日本人の惜しい英語
Do you have a minute?
時間ありますか？

▼

もっと伝わる英語
Got a minute?
ちょっといい？

後者のフレーズはHave you got a minute?を短縮したカジュアルな表現です。意味はDo you have a minute?と同じですが、ネイティブはこちらのほうを好んで使っています。

27 「往復1時間」と言いたいとき

日本人の惜しい英語
It's a one-hour round-trip.
往復1時間です。

▼

もっと伝わる英語
It's an hour there and back.
往復1時間です。

one-hour round-tripでももちろんかまいませんが、ネイティブの間ではan hour there and backというフレーズのほうがよく使われています。there and backは「そこに行って戻ってくる」という意味です。

CHAPTER 5 自然な英語・不自然な英語

28 「ざっと」をカジュアルに言いたいとき

日本人の惜しい英語
The repairs will take approximately two months.
修理にはおよそ2ヵ月かかります。

▼

もっと伝わる英語
The repairs will take roughly two months.
修理にはざっと2ヵ月かかるってところかな。

approximatelyだとより丁寧で正確に聞こえます。後者は響きがグッとカジュアルになるので、顔見知りの得意客、親しい間柄で使えるフレーズです。

29 「あわてなさんな」と言いたいとき

日本人の惜しい英語
Stop! Stop!
やめて!やめてぇ!

▼

もっと伝わる英語
Keep your shirt on.
あわてなさんな。

友だちがケンカに巻き込まれたときなど、思わずStop!などと言ってしまいそうですが、ありがちで、やや子どもっぽく聞こえてしまいます。Keep your shirt on.は人を制するときの、くだけた表現です。

30 「心配いらないって」と言いたいとき

日本人の惜しい英語
Don't worry about it.
心配するな。

▼

もっと伝わる英語
Don't sweat it.
心配いらないって。

どちらも同じ意味ですが、会話では後者のフレーズがよく使われます。不安なときには冷や汗が出ることがありますが、そんなイメージです。

31 「それでいい?」と言いたいとき

日本人の惜しい英語
Does that suit you?
それでよろしいですか?

▼

もっと伝わる英語
Does that work for you?
それでいい?

どちらも相手が意見や提案などに満足しているかどうかをたずねるフレーズです。Does that suit you? は、会議、顧客との商談などで使います。同僚、友人、家族など親しい者同士で使うなら Does that work for you? がおすすめ。

CHAPTER 5 | 自然な英語・不自然な英語

32 | 「友だちがたくさんいます」と言いたいとき

日本人の惜しい英語
He has a lot of friends.
彼には友だちがたくさんいます。

もっと伝わる英語
He has lots of friends.
彼には友だちがたくさんいます。

どちらも同じ意味です。ただしlots ofはより口語的なので、会話でよく使われます。

33 | 「彼は仕事中だ」と言いたいとき

日本人の惜しい英語
He's on duty.
彼は勤務中です。

もっと伝わる英語
He's on the job.
彼は仕事中です。

He's on duty.は、とてもプロフェッショナルな印象を与えます。普段の会話で使うならHe's on the job.のほうがより自然です。ただしイギリスでは「セックスの最中」と解釈されることがあるのでご注意を。

34 「なんとかなります」と言いたいとき

日本人の惜しい英語
That's okay.
それでなんとかなります。

もっと伝わる英語
That'll work.
それでなんとかなります。

どちらも「提示されたもので十分間に合う」という意味のフレーズですが、後者のほうがよりネイティブらしく感じられます。

35 「ガソリンが空だ」と言いたいとき

日本人の惜しい英語
We're running low on gas.
ガソリンが減ってきた。

もっと伝わる英語
We're running on fumes.
ガソリンがほとんど空だ。

fumeで「煙」「蒸気」という意味なので、We're running on fumes.と言うときは「ガソリンの蒸気で走っている」、つまり「ガス欠寸前」という意味になります。

CHAPTER 5 | 自然な英語・不自然な英語

36 | カジュアルに許可をとりたいとき

日本人の惜しい英語
Do you mind if I smoke?
タバコ吸ってもいいですか？

▼

もっと伝わる英語
Mind if I smoke?
タバコ吸ってもいい？

Do youを省略するだけで、よりカジュアルになります。ただし、あまり丁寧ではなくなるので、知らない人にはDo you mind if I smoke?とたずねるようにしましょう。

37 | Congratulations.を短縮したいとき

日本人の惜しい英語
Congratulations.
おめでとうございます。

▼

もっと伝わる英語
Congrats.
おめでとさん。

Congratulations.を短縮してCongrats.とすると、よりカジュアルでフレンドリーなひと言になります。Thank you.もThanks.と縮めれば、フレンドリーでカジュアルなひと言に。

38 好きなものを言いたいとき

日本人の惜しい英語
My favorite food is spaghetti.
好きな食べ物はスパゲティです。

もっと伝わる英語
Spaghetti's my favorite.
スパゲティが好物です。

前者はまるで教科書に書いてある例文をそのまま読んでいる感じ。ネイティブは、食べ物の話をしているときに、いちいちfoodなどとは言いません。後者のフレーズのほうがずっと自然です。

39 「ボコボコにされた」と言いたいとき

日本人の惜しい英語
He hit me.
あいつに殴られた。

もっと伝わる英語
He clobbered me.
やつにボコボコにされた。

前者は「1発殴られた」「車の運転中に相手に追突された」の2通りに解釈できますが、後者は「ひどく殴られた」という意味です。日本語で言うところの「ボコボコにされた」という状態がこれです。

CHAPTER 5 | 自然な英語・不自然な英語

40 | カジュアルに「もちろん」と言いたいとき

日本人の惜しい英語
Sure.
いいとも。

もっと伝わる英語
Sure thing.
もちろん!

どちらも「いいとも」「もちろん」「オーケー」といったニュアンスの表現です。用途もほとんど変わりませんが、Sure thing.のほうがカジュアルに響きます。何かを承諾する際に使われます。同意表現に、You got it. やCertainly.（丁寧な言い方）などがあります。

41 |「〜はどうですか？」と言いたいとき

日本人の惜しい英語
What do you think about this painting?
この絵のことはどう思いますか？

もっと伝わる英語
What about this painting?
この絵はどう？

What about...?は、「〜はどうですか？」と感想を求めるときによく使う、カジュアルな表現です。また、感想を求める以外にも、What about a drink tonight?「今夜1杯どう？」と誘うときや、What about David?「デイビッドはどうかな?」と提案するときにも使えます。

42 | 時間をたずねたいとき

日本人の惜しい英語

What time is it?
何時ですか？

▼

もっと伝わる英語

What time do you have?
いま、何時？

ネイティブは時間をたずねるときに、What time do you have?という言い回しを使います。とてもよく使う表現ですので、しっかり覚えておきましょう。
また、よくWhat time is it now?と時間をたずねている人を見かけますが、この表現は何度か時間を聞いた後に「では、いまは何時になった？」と聞くときのカジュアルな言い方です。1度目に時間をたずねるときには使いません。

- **What does your watch say?**
  いま、何時ですか？（直訳：時計はなんて言ってる？）

- **Do you happen to have the time?**
  時間ってわかりますか？

- **Could you tell me the time?**
  時間を教えてもらってもいいですか？

COLUMN:3
英会話の使い分け

英語を話すなら、フォーマルな英語もフレンドリーな英語も使いこなせる人になりたいもの。ここでは、よく使うフレーズのフォーマルな表現とフレンドリーな表現をそれぞれ紹介します！

元気ですか？
フォーマルな表現 How are you?
フレンドリーな表現 How are you doing?

どうもありがとう
フォーマルな表現 Thank you very much.
フレンドリーな表現 Thanks so much.

助かります
フォーマルな表現 I would greatly appreciate that.
フレンドリーな表現 That would be great!

お悔やみ申し上げます
フォーマルな表現 You have my condolences.
フレンドリーな表現 I'm sorry about your loss.

ドアを閉めてください
フォーマルな表現 Would you kindly close the door?
フレンドリーな表現 Could you close the door for me?

いい指摘ですね
フォーマルな表現 You have made a good point.
フレンドリーな表現 Good point.

スミスさんによろしく
フォーマルな表現 Please give my regards to Mr. Smith.
フレンドリーな表現 Please say hi to Jim.

幸運を祈っています
フォーマルな表現 You have my best wishes.
フレンドリーな表現 Good luck!

すばらしかった
フォーマルな表現 Your performance was excellent.
フレンドリーな表現 Way to go!

さようなら
フォーマルな表現 Good bye.
フレンドリーな表現 See you!

楽しんで
フォーマルな表現 Please have an enjoyable evening.
フレンドリーな表現 Have fun!

気をつけて
フォーマルな表現 Please be careful.
フレンドリーな表現 Take care.

すみません
フォーマルな表現 I'm truly sorry.
フレンドリーな表現 Sorry.

CHAPTER 6

ノリとリズム感が英会話の命

会話には楽しさも必要です。英語では特にノリとリズムが大切にされ、大人の会話の中でもよく言葉遊びや韻が取り入れられ、会話やその場の雰囲気づくりに一役買っています。日本人にとっては、学校では習わないものばかりですが、ネイティブにとっては、本当によく使う英語ばかり。ネイティブに気持ちを伝えるのに、知っておいて損はないですよ!

ここで身につけたいテクニック

- 音で遊ぼう
- 韻を踏んでリズミカルに
- 幼児言葉も時には OK
- 時にはスラングも使って
- おもしろおかしく雰囲気づくり

CHAPTER 6 | ノリとリズム感が英会話の命

01 「落ち着いて！」と言いたいとき

日本人の惜しい英語
Please relax.
落ち着いてください。

▼

もっと伝わる英語
Take a chill pill.
そんなに興奮しないで。

chillは「落ち着く」という意味の単語で、chill pillで「鎮静剤」「落ち着くための錠剤」という意味になります。「落ち着く錠剤を飲め」、転じて「落ち着いて」「そんなに興奮しないで」「冷静になって」といったニュアンスで使われます。

02 「大目玉をくらいそう！」と言いたいとき

日本人の惜しい英語
I'm in big trouble.
すごく怒られそう。

▼

もっと伝わる英語
I'm in double trouble.
大目玉をくらいそうだ。

そのまま訳すと「2倍の問題」、これで「大変なことになった」というニュアンスになります。リズミカルながらとても緊張感のある言い回しになりますね。ここでのtroubleは日本語の「トラブル」とちょっと違って、be in trouble with...で「〜に怒られそうだ」という意味合いでよく使います。例: I'm in double trouble with my boss.「上司にすごく怒られそうだ」。

03 「超怖かった〜！」と言いたいとき

日本人の惜しい英語
It scared me.
怖かったよ。

▼

もっと伝わる英語
It gave me the heebie-jeebies.
超〜怖かったよ。

heebie-jeebiesは、スラングで「恐怖によるナーバスな気持ち」「ビクビクしている状態」を意味します。たとえば、This movie is giving me the heebie-jeebies.「この映画、すごく怖いよ」という具合に使います。

04 「そんなの嘘っぱち！」と言いたいとき

日本人の惜しい英語
That's not true.
そんなのは嘘さ。

▼

もっと伝わる英語
That's hocus-pocus.
そんなのは嘘っぱちだよ。

hocus-pocusは「呪文」という意味の他に「インチキ」「嘘」「ごまかし」といった意味もあります。まさに、呪文のように韻を踏んだ楽しい言い回しです。

133

CHAPTER 6 | ノリとリズム感が英会話の命

05 「こりゃたまげた!!」と言いたいとき

日本人の惜しい英語
Oh, my goodness!
これはすごい!

▼

もっと伝わる英語
Holy moly!
こりゃたまげた!

驚きや感激、困惑、ときには怒りを表すことばで、Oh, my goodness. などとも同意の表現です。とてもネイティブらしい表現ですね。Holy cow! も似たような意味の表現です。

06 私の愛する人を紹介するとき

日本人の惜しい英語
This is my girlfriend.
僕の彼女です。

もっと伝わる英語
This is my honey-bunny.
僕の愛する彼女です。

honey は愛する人への呼びかけのことば。bunny は「ウサギ」です。これで「大切な恋人」「ラブラブの相手」といった意味になります。男性、女性のどちらについても使えます。愛情を口に出して表す、ネイティブらしい表現です。

07 「仕事熱心な人だ」と言いたいとき

日本人の惜しい英語
He's very eager.
彼はとても仕事に熱心です。

▼

もっと伝わる英語
He's an eager beaver.
彼はとっても仕事熱心です。

eager beaverは「仕事熱心な人」「頑張り屋」「出世願望の強い人」といった意味の表現です。eagerは「熱心な」という意味。eager for...で「〜を切望している」という意味になります。beaverは動物の「ビーバー」から。自分の家をせっせと作るビーバーは働き者で有名ですね。

08 「大金持ちな人だ」と言いたいとき

日本人の惜しい英語
He has a lot of money.
彼はお金持ちだ。

▼

もっと伝わる英語
He's a fat cat.
彼は大金持ちだ。

fat cat（直訳:太った猫）は、スラングで「大金持ち」「有力者」という意味。お金持ちを太った猫にたとえるなんておもしろいですね。ただしfat catにはネガティブな意味もあるので、使うときには注意しましょう。

CHAPTER 6 | ノリとリズム感が英会話の命

09 「にぎやかすぎ！」と言いたいとき

日本人の惜しい英語
New York's too busy for me.
ニューヨークは混雑しすぎですね。

▼

もっと伝わる英語
New York's too hustle-bustle for me.
ニューヨークは私にはにぎやかすぎてどうも。

hustle-bustleの意味は、「にぎやかな雑踏」で、busyとほぼ同じ。hustleは動詞だと「張り切る」という意味になります。

10 「本当にちっちゃい！」と言いたいとき

日本人の惜しい英語
This doll is so small.
この人形はとても小さいね。

▼

もっと伝わる英語
This doll is so teeny-weeny.
この人形、本当にちっちゃいね〜。

teeny-weenyは「小さい」という意味の形容詞です。smallと同じ意味の単語ですが、たまにはこういった音のおもしろいことばを使ってみると楽しいですね。teenyだけでも「小さな」という意味になります。tinyの類語です。

11 へましちゃったとき

日本人の惜しい英語
We made a little mistake.
ちょっと失敗しちゃった。

▼

もっと伝わる英語
We made a booboo.
へましちゃったよ。

boobooは「へま」「ミス」「間違い」という意味のことばです。make a boobooで「へまをする」「ミスする」という意味。なんだか音がかわいいですね。

12 「いい子ぶりっ子!」と言いたいとき

日本人の惜しい英語
She always acts like a good girl.
彼女っていつでもいい子ぶってる。

▼

もっと伝わる英語
She's a goody-goody.
彼女っていい子ぶりっ子ね。

goodyだけだと「いい人」という意味。これを2つ続けてgoody-goodyとすると「いい子ぶる人」「いい子ぶりっ子」「おべっか使い」とちょっと人をけなすようなニュアンスになります。

CHAPTER 6 | ノリとリズム感が英会話の命

13 「ばいばい」と言いたいとき

日本人の惜しい英語

Goodbye.
さよなら。

▼

もっと伝わる英語

Ta-ta.
バイバイ。

「バイバイ」という別れのことばです。もともとは幼児語ですが、大人がおどけて使うこともよくあります。Ta-ta for now.「じゃあ、またね」もよく使います。

14 「ぐずぐずしないで！」と言いたいとき

日本人の惜しい英語

Don't waste time.
時間を無駄にしないで。

▼

もっと伝わる英語

Don't dilly-dally.
ぐずぐずしないで。

dilly-dallyは「時間を無駄に浪費する」「ぐずぐずする」といった意味のスラングです。「ディリダェリー」と発音します。シャキッとしてない人に対して使ってみましょう。

15 「あっちゃ〜」と言いたいとき

日本人の惜しい英語
Oh, no.
あらら。

▼

もっと伝わる英語
Oops-a-daisy.
あっちゃ〜。

失敗したときに思わず放つことば。Oops. だけでもよく使いますが、ネイティブはOops-a-daisy. という言い方もよくします。音がかわいい表現ですね。daisyは「ヒナギク」です。「あちゃ〜」「おっとっと」なんていうときに使います。

16 「などなど」と言いたいとき

日本人の惜しい英語
And so on.
などなど。

▼

もっと伝わる英語
Blah blah blah.
などなど。

「ブラーブラーブラー」と発音。日本語の「などなど」「とかなんとか」という意味合いでも使えますが、この他にも「はいはい、うるさいなぁ」というニュアンスでも使えます。口うるさくいちいち文句を言う人に「はいはいはい」という感じで使います。

CHAPTER 6 | ノリとリズム感が英会話の命

17 「言行に気をつけなさい！」と言いたいとき

日本人の惜しい英語
Mind your manners.
言行に気をつけなさい。

▼

もっと伝わる英語
Mind your p's and q's.
言行に気をつけなさい。

このフレーズの起源は不明ですが、pはplease、qはthank youを表すという説が有力です。または、文字を書くときにpとqを見間違えないように、見やすく書くようにと注意した教師のことばに由来する、という説もあります。

18 「絶対にヤだね！」と言いたいとき

日本人の惜しい英語
No way.
絶対に嫌だ。

▼

もっと伝わる英語
No way, José.
絶対に嫌だね〜。

JoséはヒスパニックMP系の男子に多い名前です。「絶対に嫌だよ」「とんでもない」と何かを拒絶するときのことばです。Joséをつけると冗談っぽさが加わり、口調が少しソフトになりますね。

19 「まったね〜！」と言いたいとき

日本人の惜しい英語
See you later.
またね！

もっと伝わる英語
See you later, alligator.
またね〜!

こう言われた人は、After a while, crocodile.「ばいば〜い」と返します。later と alligator、while と crocodile が韻を踏んでいるおもしろい表現ですね。alligator も crocodile も種類の違うワニのこと。

20 「らじゃー！」と言いたいとき

日本人の惜しい英語
Okay.
了解。

もっと伝わる英語
Roger. / Wilco.
了解！

Roger. は無線用語が一般に使われるようになったもの。Wilco は will comply「仰せのとおりに従います」を略した造語。頼まれごとを快く引き受けるときのひと言です。

CHAPTER 6 | ノリとリズム感が英会話の命

21 | 「ちょっとトイレ！」と言いたいとき

日本人の惜しい英語

I need to go to the bathroom.
トイレに行きたい。

▼

もっと伝わる英語

Nature's calling.
ちょっとトイレ。

日本語でも「自然が呼んでいる」と言いませんか。英語でも同じ表現があります。はっきり「トイレに行きたい」と言うのが恥ずかしい人におすすめの表現です。

22 | 「ど・れ・に・し・よ・う・か・な」と言いたいとき

日本人の惜しい英語

Which one should I choose?
どれにしよう？

▼

もっと伝わる英語

Eenie meenie miney mo.
ど・れ・に・し・よ・う・か・な。

いくつもあるものの中から1番ほしいものを選び出すときの文句。ネイティブなら誰もが知っている、楽しいことば遊びです。もともとはEenie meenie miney mo, catch a tiger by his toe, if he hollers let him go, eenie meenie miney mo. という長い文章です。

23 「どいて！どいて！」と言いたいとき

日本人の惜しい英語
Excuse me.
ちょっと道を開けて。

▼

もっと伝わる英語
Beep-beep.
どいてどいて。

人に道を開けてほしいときに使うことばです。Beep-beep.は車のホーンの音を声で表現したもの。見ず知らずの人には使えませんが、仲間内や家族で使うのにぴったりですね。

24 「あの2人、ラブラブ！」と言いたいとき

日本人の惜しい英語
They love each other.
あの2人は愛し合ってるよ。

▼

もっと伝わる英語
They're lovey-dovey.
あの2人はラブラブだよ。

lovey-doveyは「ラブラブの」「アツアツの」といった意味の表現。2人のアツアツぶりが、とてもよく伝わります。愛しい人への呼びかけのことばとしても使います。

CHAPTER 6 | ノリとリズム感が英会話の命

25 「思いっきり楽しもう!」と言いたいとき

日本人の惜しい英語
Let's have fun!
楽しもう!

▼

もっと伝わる英語
Let's party like it's 1999.
思いっきり楽しもう!

「思いきり楽しもう!」「パーティタイムだ!」といったニュアンスです。直訳だと「1999年みたいにパーティしよう」ですが、とにかく派手に騒ごう!という意味になります。

26 「あらら〜やっちゃった〜」と言いたいとき

日本人の惜しい英語
Uh-oh.
あらら。

▼

もっと伝わる英語
Uh-oh spaghetti-o!
あらら〜やっちゃった〜。

誰かの失敗を目にしたとき、「あらら〜」「やっちゃった〜」という感じで冷やかすひと言です。深刻な状況ではNGです。軽快に、「オッオーウ スパゲーティオーゥ」と発音します。

CHAPTER 6 | ノリとリズム感が英会話の命

29 「なかなかのやり手だ！」と言いたいとき

日本人の惜しい英語
He's a smart businessman.
彼は賢いビジネスマンだ。

▼

もっと伝わる英語
He's a wheeler-dealer.
彼はなかなかのやり手だよ。

wheeler-dealerは「やり手ビジネスマン」「敏腕実業家」といった意味の表現です。こんな表現を知っていたら会話も弾みますね。もともとは車に商品を積んで販売してまわる、やり手の商人を指していった単語です。

30 「優柔不断だな〜」と言いたいとき

日本人の惜しい英語
Don't be so vague.
あやふやな態度はやめて。

▼

もっと伝わる英語
Don't be so wishy-washy.
優柔不断なやつだな。

wishy-washyは「優柔不断な」「態度がどっちつかずの」「煮え切らない」という意味です。はっきりしない態度をとられたときに、使ってみましょう。

31 「とってもちっちゃい！」と言いたいとき

日本人の惜しい英語
She has a really small dog.
彼女はとても小さい犬を飼っている。

▼

もっと伝わる英語
She has an itsy-bitsy dog.
彼女はとってもちっちゃな犬を飼っている。

itsy-bitsyは「とっても小さな」という意味。itsy-bitsy dogなら「ちっちゃな犬」というニュアンスになります。かわいらしいものに愛情を込めて使います。

32 「準備オッケ〜？」と言いたいとき

日本人の惜しい英語
Are you ready?
準備はできた？

▼

もっと伝わる英語
Ready, Freddy?
準備オッケ〜？

出かけるときなどに、明るく「準備はいいかな？」「さあ、行こうか？」と声をかけるときの言い方です。Freddyとは言っていますが、これは単に韻を踏んだことば遊びをしているだけなので、相手がFreddyでなくても使えます。

147

CHAPTER 6 | ノリとリズム感が英会話の命

33 「はやく聞かせて！」と言いたいとき

日本人の惜しい英語
I'm listening to you.
聞いてるから教えて。

▼

もっと伝わる英語
I'm all ears.
はやく聞かせてよ〜。

相手の話をはやく聞きたいときに使う簡単フレーズです。直訳すると「全身が耳になってる」、それくらい興味津々ということですね。「はやく聞かせて〜」「なになに？なんなの？」といったニュアンスです。

34 「ついてるな〜！」と言いたいとき

日本人の惜しい英語
You're lucky.
ついてるね。

▼

もっと伝わる英語
You lucky duck.
ついてるなぁ〜。

たとえば、友だちが福引きで旅行券を当てたとき、パチンコで連チャンを当てたときなどに使えますね。また、絶世の美女を彼女にした友人にこう言えば、「この〜、果報者め」というニュアンスにもなります。

35 「相変わらずって感じ」と言いたいとき

日本人の惜しい英語
Same old thing.
相変わらずだよ。

▼

もっと伝わる英語
Same ol' same ol'.
相変わらずって感じ。

Same old thing. を略して、おもしろおかしく言ったのが、Same ol' same ol'. です。「相変わらずだね」「いつもどおりだよ」といったニュアンス。「変わりばえしなくて退屈だ」という含みがあります。

36 「さあ、出かけるよ！」と言いたいとき

日本人の惜しい英語
Let's go.
さあ行こう。

▼

もっと伝わる英語
Let's go, Daddy-o!
さあ、出かけるぞ〜!

こちらも韻を踏んだおもしろ表現。Daddy-oには特に意味はありません。元気よく「さあ出かけよう!」「さあ行こう!」と声をかけたいときに使ってみましょう。

CHAPTER 7
下品な話こそ上品に伝える

下品な英語を知らずに話していませんか？下ネタやいやらしい言葉、不潔な英語を話すと人間の品格から疑われてしまいますから要注意です。英語でも日本語と同じく、たとえ下品な内容でも、上品な印象に変えるテクニックを押さえておきましょう。

ここで身につけたいテクニック

- 遠回しな表現でクリア
- 下品な言葉は避ける
- いやらしい表現は嫌われる
- 不潔な言葉は使わない
- 性的な表現は間接的に

CHAPTER 7 | 下品な話こそ上品に伝える

01 | 「おなら」を上品に言いたいとき

日本人の惜しい英語
He farted.
彼は屁をこいた。

▼

もっと伝わる英語
He passed gas.
彼はおならをした。

fartは「おならをする」という意味の単語ですが、これではちょっとストレートすぎですね。pass gasも同じく「おならをする」という意味ですが、こう言えば下品には聞こえません。

02 | 「鳥のフン」を上品に言いたいとき

日本人の惜しい英語
Watch out for the bird shit.
鳥のフンに気をつけて。

▼

もっと伝わる英語
Watch out for the bird droppings.
鳥の落としものに気をつけて。

bird shitでは、まさに「鳥のクソ」という感じで下品です。bird droppingは「鳥が落とす物」というニュアンス。つまり「鳥のフン」のことを遠回しに言っています。

03 「お尻」を上品に言いたいとき

日本人の惜しい英語
She fell on her ass.
彼女はケツからこけた。

▼

もっと伝わる英語
She fell on her rear end.
彼女は尻もちをついた。

rear endとは「お尻」を品よく言った表現です。「ケツ」というニュアンスのassという単語を使えない状況でも、これならOKですね。

04 トイレにいきたいとき

日本人の惜しい英語
I have to piss.
小便したい。

▼

もっと伝わる英語
I have to excuse myself.
ちょっと失礼。

前者は「小便してえ」といったニュアンスで、下品きわまりない言い方。I have to excuse myself. は、「ちょっと失礼」と言って席を立つイメージなのでとても上品な言い方です。女性ならI have to powder my nose. と言ってもいいですよ。

CHAPTER 7 | 下品な話こそ上品に伝える

05 | 汗をかいたとき

日本人の惜しい英語
She's sweating.
彼女はダラダラと汗をかいている。

▼

もっと伝わる英語
She's perspiring.
彼女は汗をかいている。

sweatはダラダラと汗が滴っている感じ。perspireも同じ「汗をかく」という意味の単語ですが、こう聞くと、汗ばんでいる様子をイメージするため、sweatのような不潔そうなイメージはありません。

06 | あそこを蹴られたとき

日本人の惜しい英語
He got kicked in the balls.
彼はタマを蹴られた。

▼

もっと伝わる英語
He got kicked in his private area.
彼は大事な部分を蹴られた。

「プライベートな部分を蹴られた」と表現すれば、何のことだかわかってもらえますね。そのものズバリを言うより、上品な印象を与えます。

07 「sex」を上品に言いたいとき

日本人の惜しい英語

They had sex.
彼らはセックスした。

▼

もっと伝わる英語

They made love.
彼らはベッドを共にした。

have sexという表現は特に下品ではありませんが、こういった直接的な表現を避けなければならないこともありますよね。そんなときには、より間接的にmake loveという言い回しを使ってみましょう。

08 「胸が大きい」と上品に言いたいとき

日本人の惜しい英語

She has big tits.
彼女は巨乳だ。

▼

もっと伝わる英語

She has large breasts.
彼女は胸が大きい。

large breastsと言えば、下品さ、いやらしさは軽減します。ただし、どちらにしても他人の身体についてどうのこうのと言う時点で、上品とは言えないかもしれませんね。時と場所は選びましょう。

CHAPTER 7 | 下品な話こそ上品に伝える

09 「臭い」と上品に言いたいとき

日本人の惜しい英語

Something smells like shit.

なんだかクソみたいな臭いがするな。

▼

もっと伝わる英語

Something smells unpleasant.

なんだか嫌な臭いがするよ。

shitなどという下品なことばはできれば控えたいところ。この場合は、smell unpleasant「不快な臭いがする」と言い換えてみましょう。unpleasantは「不快な」「嫌な」という意味です。

10 「やばい」を上品に言いたいとき

日本人の惜しい英語

He's in deep shit.

あいつ、やばいことになったぞ。

▼

もっと伝わる英語

He's in serious trouble.

彼は大変なことになってるよ。

be in deep shitは「深刻な状況に陥って」という意味の言い回しです。shitという下品な言葉を使いたくない場合は、be in serious troubleと言い換えるといいでしょう。意味的にはほとんど変わりません。

「売春婦」を上品に言いたいとき

日本人の惜しい英語
She's a whore.
あの女は売春婦だ。

▼

もっと伝わる英語
She has loose morals.
彼女は貞操観念が薄い。

whoreはそのものズバリ「売春婦」という意味。これを遠回しに表現すると、woman of loose morals「貞操観念の薄い女性」という言い方もできます。だいぶソフトになり下品さはなくなりますね。

CHAPTER 8
ヒンシュクを買う地雷語に注意

英語にも、日本語と同様、差別語や無礼な言葉、失礼な言葉などがあります。これらを口にしてしまったら、ネイティブからヒンシュクを買ってしまいます。知らず知らずのうちに相手を傷付けてしまうことのないよう、気を配りたいものですね。

ここで身につけたいテクニック

- 職業差別に注意
- 男女差別に注意
- バカにする表現はNG
- 相手を侮辱する言葉は厳禁
- 失礼な表現に注意

CHAPTER 8 | ヒンシュクを買う地雷語に注意

01 「死んだ」は「亡くなった」に

日本人の惜しい英語
His uncle died.
彼の叔父さんが死んだんだって。

▼

もっと伝わる英語
His uncle passed away.
叔父さんが他界したそうだ。

「死」ということばを避けるのは英語圏でも同じ。人の不幸を「〜が死んだ」と表現するのはつらいもの。そこでpass away「他界する」というフレーズをよく使います。

02 「ウェイター」は「給仕」に

日本人の惜しい英語
He's a waiter.
彼はウェイターです。

▼

もっと伝わる英語
He's a server.
彼は給仕です。

waiter「ウェイター」やwaitress「ウェイトレス」のように、性別を含む語は、「ポリティカリー・コレクト(PC)」を重んじる現在では、避ける傾向があります。serverだと、男女の区別なく使えます。

03 「いい娘」は「いい人」に

日本人の惜しい英語
She's a really nice girl.
彼女は本当にいい娘だよ。

▼

もっと伝わる英語
She's a really nice person.
彼女は本当にいい人だよ。

近頃では、いろいろな状況において男性、女性といった性別に言及することばを避ける傾向にあります。職場などではShe's a really nice girl.などという男女を区別した言い方は避け、She's a really nice person.と言うべきでしょう。

04 「チビ」は「小柄」に

日本人の惜しい英語
She's short.
彼女はチビだ。

▼

もっと伝わる英語
She's petite.
彼女は小柄です。

shortもpetiteも同じ意味ですが、後者のほうがはるかに印象がいいのです。petiteはフランス語。フランス語はエレガントに感じられることが多いので、あえてフランス語を使うことがあります。たとえば、デザートなどにアイスをのっけることをa la modeなどと言います。

CHAPTER 8 | ヒンシュクを買う地雷語に注意

05 「ハゲ」ではあまりにも失礼

日本人の惜しい英語
He's going bald.
彼はハゲてきている。

▼

もっと伝わる英語
His hair is thinning.
彼の髪は薄くなってきている。

bald は「ハゲ頭の」という意味。これではあまりにもストレートすぎますね。髪が「薄くなる」は、thin という単語を使って表現します。「毛が痩せてきている」と遠回しに表します。

06 言いづらいことは rather で対応

日本人の惜しい英語
He's short.
彼はチビだ。

▼

もっと伝わる英語
He's rather short.
彼は背は低めだ。

rather を使うと、「どちらかと言えば〜」「やや〜だ」「多少〜だ」といった意味合いが加味されます。これなら侮辱にはあたりませんね。

07 「障害を持つ人」の表現の仕方

日本人の惜しい英語
He's deaf.
彼は聴覚障害者です。

もっと伝わる英語
He's hard of hearing.
聴覚に障害があります。

PCにこだわる人々を騒がせたくない場合は、hard of hearingというような表現を使うほうが無難です。He's hearing impaired. や He has difficulty hearing. と表現する人もいます。

08 「1年生」と言いたいとき

日本人の惜しい英語
I'm not a freshman.
1年生ではありません。

もっと伝わる英語
I'm not a first-year student.
1年生ではありません。

アメリカの大学などの1年生を指すfreshmanという語の使用も、PC的に見て不適切とされつつあります。新入生は男性だけではないのだから、a first-year studentというような言い方を心がけましょう。

CHAPTER 8 | ヒンシュクを買う地雷語に注意

09 | 「警官」と言いたいとき

日本人の惜しい英語
We need to talk to a policeman.
警官に話をしなければ。

もっと伝わる英語
We need to talk to a police officer.
警官に話をしなければ。

policemanもPCの観点から言うと不適切。今ではpolice officerと呼ぶのが一般的です。その警官が男性だとわかっているときにHe's a policeman.と言うのはもちろん問題なしです。

10 | 「デブ」は「ふっくら」に

日本人の惜しい英語
Her baby is fat.
彼女の赤ちゃん太ってるのよ。

もっと伝わる英語
Her baby is chubby.
彼女の赤ちゃん、ふっくらしてたわ。

「太っている」と言うと、ついfatを思い浮かべてしまいますが、「デブ」というニュアンスになり、人に対して使うには失礼な単語です。赤ちゃんや女性がまるまるとしている様子を伝えるなら、chubbyということばがぴったりです。

11 「チビ」は失礼

日本人の惜しい英語
He's too short to reach it.
彼はチビだから手が届かない。

▼

もっと伝わる英語
He's not tall enough to reach it.
彼の身長はそれに届くほど高くはない。

体重とは違って身長は自分でコントロールできません。身長の低い人に向かって too short「低すぎ」などと言うのは酷というもの。not tall enough「必要な高さに満たない」と言いかえると、相手も傷つかずにすむでしょう。

12 「ガリガリ」は失礼

日本人の惜しい英語
You're really skinny.
ガリガリですね。

もっと伝わる英語
You're really thin.
とてもほっそりしていますね。

どちらも「痩せている」と言っていますが、You're really skinny. は「痩せすぎですよ」というネガティブなニュアンスになり、ほめことばには聞こえません。You're really thin. はほめことばです。slender や slim でも OK。

CHAPTER 8 | ヒンシュクを買う地雷語に注意

13 「変人」は失礼

日本人の惜しい英語
He's crazy.
彼は頭が変。

▼

もっと伝わる英語
He's eccentric.
彼はちょっと変わってる。

ネイティブはcrazyの代用にeccentricという語を使います。この語には「突拍子もないことをする人」「変人」「ちょっとイッてる」という意味がありますが、相手をバカにしたり、非難するニュアンスはほとんどありません。

14 「同僚」と言いたいとき

日本人の惜しい英語
I have three male coworkers and two female coworkers.
男性の同僚が3人、女性が2人います。

▼

もっと伝わる英語
I have five coworkers.
同僚が5人います。

同僚の数を伝えるときにも、男女を分けた表現はできるだけ避けるべきです。男性も女性も、社員に変わりはありませんよね。

15 | 全体に呼びかけるとき

日本人の惜しい英語
Each guest needs to show his ticket.
招待客は全員チケットの提示が必要です。

▼

もっと伝わる英語
All the guests need to show their tickets.
招待客は全員チケットの提示が必要です。

代名詞の使い方にも注意が必要です。このように男女混同の団体に向かって呼びかける場合、現在ではhisの代わりにtheirを使うのが一般的です。

16 | 障害者を特別扱いしない

日本人の惜しい英語
This is for the handicapped.
これは障害者用です。

▼

もっと伝わる英語
This is for the physically challenged.
これは身体が不自由な方用です。

英語では、handicapという語の使用も人権侵害にあたるとして避ける傾向にあります。代わりにphysically challengedやphysically impairedが使えます。また、This is for the visually impaired.「視力に障害を負っている人用」、This is for people who use wheelchairs.「車いすを使っている人用」などとも言います。

CHAPTER 8 | ヒンシュクを買う地雷語に注意

17 | 肌の色ではなく、出身国を伝える

日本人の惜しい英語
My friend married a black man.
友だちが黒人と結婚した。

▼

もっと伝わる英語
My friend married a man from Kenya.
友だちがケニア出身の人と結婚した。

人種、肌の色に関する表現もできるだけ避けるべきです。出身国で伝えたり、アメリカ黒人ならAfrican-American「アフリカ系アメリカ人」などと言えば問題なしです。本当は、My friend got married. という具合に、人種のことなど言及する必要もないのですが。

18 |「指導者」と言いたいとき

日本人の惜しい英語
The wives of the leaders went to the summit.
リーダーの妻たちがサミットに出かけた。

▼

もっと伝わる英語
The spouses of the leaders went to the summit.
リーダーの配偶者たちがサミットへ出かけた。

女性がリーダーであっても少しも珍しくはない時代ですから、wivesではなくspouses「配偶者」ということばを使いましょう。

19 「看護婦」ではなく「看護師」に

日本人の惜しい英語
Every nurse did her best.
看護婦たちは皆ベストを尽くした。

▼

もっと伝わる英語
All the nurses did their best.
看護師たちは皆ベストを尽くした。

今や看護師は女性だけとは限りません。したがってherではなくtheirとすべきです。

20 「上司」と言いたいとき

日本人の惜しい英語
If an employee leaves early, he needs to tell his manager.
早退するときには上司に報告すること。

▼

もっと伝わる英語
If you leave early, you need to tell your manager.
早退するときには上司に報告すること。

女性社員もいるのであれば、heとするべきではありませんね。この場合は、youを主語にしましょう。

COLUMN:4
PC表現とは？

PCとはpolitically correct「道徳的に見て適切、差別がない」の略称で、人種や性別による差別のない適切な表現のことを言います。現在では、国際社会のどの国でもPC表現の使用が徹底されつつあります。神経質になり過ぎる必要はありませんが、知らないと誤解されてしまうおそれがありますから、基本的なものだけでも押さえておきましょう。では、PC表現の一部をご紹介します。

	旧来の表現	PC 表現
議長	chairman	chairperson, the chair
消防士	fireman	firefighter
ベルボーイ／ポーター	bellboy	bellhop
郵便集配人	mailman	mail carrier
警官	policeman	police officer
営業係	salesman	sales representative, salesperson

	旧来の表現	PC 表現
新入生	freshman	first-year student
スポークスマン	spokesman	spokes-person
客室乗務員	stewardess	flight attendant
パイロット	airman	flier, pilot, aviator
キャスター	anchorman	anchor
漁師	fisherman	angler
職長	foreman	supervisor

PC 表現は大問題になることも！要注意です！

CHAPTER 9
「スゴイ」と思わせる定番表現

ネイティブから「コイツやるな!」と思わせる、一枚上手の英語を身につけましょう。といっても、難しい単語を使ったり、長文を話したりする必要はありません!その場に応じたウィットに富んだフレーズを使い分けるようにすると、ネイティブから高評価が得られることでしょう。

ここで身につけたいテクニック

- 気の利いた表現を身につける
- 政治家の常套句もマスター
- 大人の余裕を演出する
- 控えめだけどグサリとくる皮肉
- ウィットに富んだ表現

CHAPTER 9 | 「スゴイ」と思わせる定番表現

01 「もう年寄りなんです」と言いたいとき

日本人の惜しい英語

I'm getting old.
私は年をとっている。

▼

もっと伝わる英語

I don't buy green bananas anymore.
私はもう年寄りなんだよ。

そのまま訳すと「未熟なバナナは買わない」。「バナナが熟するまで待っていたら自分は死んでしまう」ということを言っています。つまり、「自分はそれだけ年寄りである」ということを表しています。

02 「全然必要じゃなかった」と言いたいとき

日本人の惜しい英語

I didn't need that.
それは必要じゃなかった。

▼

もっと伝わる英語

I needed that like a hole in the head.
全然必要ではありませんでしたよ。

文字通りに訳すと「頭に穴が必要であるのと同じくらいにそれが必要だった」ですが、頭に穴は不要ですよね？つまり「全然必要ではなかった」という意味になります。

03 別れ際のスマートな定番フレーズ

日本人の惜しい英語
Write me a short letter.
短くてもいいので手紙ください。

▼

もっと伝わる英語
Drop me a line.
手紙くださいね。

このlineは文字の列、つまり「手紙」のことを言っています。Drop me a line.で「手紙をください」「連絡ちょうだい」という意味になります。とても英語慣れして聞こえる、スマートな表現ですね。

04 「言うだけ無駄!」と言いたいとき

日本人の惜しい英語
It's not going to change anything to talk about it.
話しても無駄ですよ。

▼

もっと伝わる英語
Don't waste your breath.
言うだけ無駄ですよ。

breathは「息」という意味。文字通りに訳すと「息を無駄にするな」、転じて「言うだけ無駄ですよ」「説得するだけ無駄ですよ」といったニュアンスになります。

CHAPTER 9 | 「スゴイ」と思わせる定番表現

05 「結果はあきらか！」と言いたいとき

日本人の惜しい英語
I know what will happen.
どうなるかはわかっているよ。

▼

もっと伝わる英語
The writing is on the wall.
失敗するのは見え見えだね。

The writing is on the wall. は「壁の落書き」のことを言っているのではなく、「結果(悪いこと)は明らかである」という意味のフレーズです。旧約聖書のダニエル書5章には、この表現の出典と考えられている話があります。

06 「手ぶらで来てね！」と言いたいとき

日本人の惜しい英語
You don't have to bring anything.
何も持ってこなくていいですよ。

▼

もっと伝わる英語
Just bring yourself.
手ぶらでお越しください。

人をパーティーに招待するときによく使うのが、Just bring yourself. という表現です。直訳すると「体ひとつで来てください」、転じて「手ぶらで来てください」のニュアンス。とても気の利いたひと言になります。

07 「目的ある昼寝をした」と言いたいとき

日本人の惜しい英語
I took a nap.
昼寝をしました。

▼

もっと伝わる英語
I took a power nap.
仕事の効率を上げる昼寝をしました。

napは「昼寝」のこと。日中の短時間の睡眠はその後の労働効率の上昇に効果があることがわかっており、アメリカでは短い睡眠をpower napと呼んでいます。
I took a nap.ではただ昼寝しただけという印象ですが、I took a power nap.だと「仕事の効率を上げるための建設的な休息」という感じがします。

08 「記憶にございません」と言いたいとき

日本人の惜しい英語
I don't remember.
覚えてません。

▼

もっと伝わる英語
I have no memory of that.
記憶にございません。

I don't remember.は「覚えていない」ということなので、「忘れた」と解釈されることがあります。それに対しI have no memory of that.のほうは、「そのように言われた記憶はない」ということなので、「忘れた」と解釈されることはありません。このフレーズが証人として国会に呼ばれた政治家の決まり文句であることは東洋、西洋を問いません。

CHAPTER 9 | 「スゴイ」と思わせる定番表現

09 相手の名前を忘れてしまったとき

日本人の惜しい英語
I'm sorry. I forgot your name.
すみません。お名前を忘れてしまいました。

もっと伝わる英語
Uh...your name is...
ええと、あなたのお名前は…。

人の名前を忘れてしまうことはよくあることですが、名前を改めてたずねるにしても、できるだけ相手の気持ちを害することがないような言い方を心がけたいものです。Uh...your name is... という表現を使えば、さりげなく名前を聞き出すことが可能です。そして、相手が名前を言ったらThat's right.「ああ、そうでしたか」と言えば多少印象もよくなりますね。

10 「映画」の言い方

日本人の惜しい英語
I'm interested in movies.
映画に興味があります。

もっと伝わる英語
I'm interested in the cinema.
映画に興味があります。

movies もcinema もどちらも、映画の事じゃないかって？ごもっとも。でも後者のほうがちょっとオシャレ。movie は moving picture からとった語で「活動写真」という感じですが、cinema は英語の cinematograph を短縮したもので、こちらのほうがネイティブの耳には洗練した感じに聞こえます。

11 主夫もいることを忘れずに

日本人の惜しい英語
I'm a housewife.
主婦です。

▼

もっと伝わる英語
I'm a homemaker.
家事を任されています。

housewife、homemaker、どちらも「主婦」のこと。でも「ポリティカリー・コレクト」が著しい昨今では、housewifeのような性別を含んだ表現を避ける傾向があります。homemakerは、在宅の「主婦（女性）」「主夫（男性）」、どちらの意味にもなります。家事のメイン担当者というニュアンスです。

12 「いまなお、かくしゃく！」と言いたいとき

日本人の惜しい英語
He's 83 and still very healthy.
彼は83歳にしていまだ健康で暮らしています。

▼

もっと伝わる英語
He's 83 and still going strong.
彼は83歳にしてなお、かくしゃくとしている。

後者のgoing strongは、「老いてなお、かくしゃくとしている」という意味のほか、ビジネスシーンでは、「これまでも繁盛してきたが、さらに商いが大きくなりつつある」という意味でも使えます。

CHAPTER 9 | 「スゴイ」と思わせる定番表現

13 | ちんぷんかんぷんなとき

日本人の惜しい英語
I don't understand what you mean.
言っていることがわかりません。

▼

もっと伝わる英語
That's as clear as mud.
さっぱりわからないよ。

直訳すると「泥のように澄んでいる」、転じて「まったく澄んでいない」ということですね。「さっぱりわからない」「ちんぷんかんぷんだ」といったニュアンスです。That's as clear as crystal.「極めて明白な」が反対語です。as...asの形の面白い表現は他にもたくさんあります。

- **He's as sharp as a knife.**
  「ナイフのように鋭い」→とても頭の切れる男。

- **She's as thin as a rail.**
  「レールのように細い」→とっても細い。

- **That as funny as a clown.**
  「ピエロのようにおもしろい」→とってもおもしろい。

同じ言い回しを使って、逆の意味の文にすることもできます。

- **He's as sharp as mashed potatoes.**
  「マッシュポテトのように鋭い」→すごく鈍い。

- **She's as thin as a cow.**
  「牛のように細い」→すごく太っている。

- **That's as funny as cancer.**
  「癌のようにおもしろい」→まるでおもしろくない。

14 「私を巻き込まないで！」と言いたいとき

日本人の惜しい英語
I don't want to get involved.
関わりたくないわ。

もっと伝わる英語
Stop the car and let me out.
私を巻き込まないで。

「車を止めて、私を下ろして」が直訳。転じて「その話には興味がない」「私を巻き込まないで」といったニュアンスになります。きっぱりと拒絶するときの言い方です。

15 「それは確かですか？」と言いたいとき

日本人の惜しい英語
Are you sure?
本当ですか？

もっと伝わる英語
Are you certain?
それは確かですか？

確認をとるときの言い方として、まっ先に思いつくのがAre you sure?かもしれませんが、これだとやや稚拙な感じが否めません。一歩上を行く表現がお望みなら、Are you certain?という言い方がおすすめです。ビジネスシーンにも適した表現です。

CHAPTER 9 | 「スゴイ」と思わせる定番表現

16 | 「落ち着いて!」と言いたいとき

日本人の惜しい英語
Calm down.
落ち着いて。

▼

もっと伝わる英語
Hold your horses.
落ち着いて。

「自分の馬を停めろ」というのが直訳です。転じて「落ち着いて」「あせらないで」といったニュアンスになります。こういった直訳では理解できないような、ウィットに富んだ表現が英語にはたくさんあります。

17 | 「そこまで言うほど悪くないよ!」と言いたいとき

日本人の惜しい英語
It's not so bad.
それほど悪くはないよ。

▼

もっと伝わる英語
It's better than a poke in the eye with a sharp stick.
そこまで言うほど悪くはない。

「尖った棒を目に突き刺すよりはいい」が直訳です。転じて「それほど悪くはない」「言うほど悪くはない」というのを少し極端に表現したフレーズになります。

18 本当かどうか知的にききたいとき

日本人の惜しい英語
Really?
本当？

▼

もっと伝わる英語
Is that right?
それは本当なのですか？

Really?でも用は十分に足りるのですが、より知的な表現を好むならIs that right?がおすすめです。「それは正しいですか？」「それは本当ですか？」という意味の確認表現です。

19 「なんだか落ち着きがないね」と言いたいとき

日本人の惜しい英語
He's nervous.
彼はそわそわしているね。

▼

もっと伝わる英語
He's acting like a cat on a hot tin roof.
彼はなんだか落ち着きがないね。

「熱くなったトタン屋根の上にいる猫のようにふるまっている」が直訳。なんと、こう表現して「そわそわしている」「落ち着きがない」という意味に！ 熱い屋根の上にいる猫の姿を想像してみると納得。

CHAPTER 9 | 「スゴイ」と思わせる定番表現

20 「それは公平でない！」と言いたいとき

日本人の惜しい英語
That's not fair.
不公平だよ。

もっと伝わる英語
That's not equitable.
それは公平ではないですね。

That's not fair. は、ストレートでやや子どもじみた感じがする言い方です。この場合は、equitable「公平な」という単語を使えば、子どもっぽさはなくなり、知的で大人びた言い回しになります。

21 「もういい大人だ」と言いたいとき

日本人の惜しい英語
She's getting old.
彼女はもう若くない。

もっと伝わる英語
She's no spring chicken.
彼女はもういい大人だよ。

spring chicken は「若鶏」「経験不足のひよっこ」のこと。これで「彼女はもう若くはない」という意味合いになります。

184

22 「見くびるな！」と言いたいとき

日本人の惜しい英語
I'm not as stupid as you think.
僕はそれほどバカじゃない。

▼

もっと伝わる英語
I wasn't born yesterday.
見くびらないでくれ。

「私は昨日生まれたわけではない」が直訳。転じて「私はそれほどバカではない」「それくらいはわかっている」「見くびらないでくれたまえ」といったニュアンスになります。

23 「それ、乗った！」と言いたいとき

日本人の惜しい英語
I agree.
賛成。

▼

もっと伝わる英語
I'm on board.
乗りますよ。（＝賛成）

I'm on board. は、飛行機や船などに「乗る」ということ。日本語でも、相手の考えや計画に賛成するときには「乗った」などと言いますが、それと同じニュアンスです。

CHAPTER 9 | 「スゴイ」と思わせる定番表現

24 | 彼は真実を語っているか確認したいとき

日本人の惜しい英語
Do you think he's honest?
彼は正直だと思いますか？

▼

もっと伝わる英語
Do you think he's on the level?
彼は嘘をついていないと思いますか？

後者のフレーズの中のlevelは、「率直な」という意味。on the levelは、「隠さず真実を語る」ということ。主に口語で使われます。

25 | 反対意見を述べたいとき

日本人の惜しい英語
You're wrong.
それは違うよ。

▼

もっと伝わる英語
I beg to differ on one point.
すみませんが、その点においてはあなたとは意見が異なります。

これは1点だけ意見の相違が見られたときに使う言い回しです。真っ向から相手を否定するのではなく、互いに歩み寄ろうとする気持ちが見てとれる知的な表現です。直訳すると「その1点において、あなたと意見が異なることをお許しください」。

26 | 好き嫌いをスマートに言いたいとき

日本人の惜しい英語
I don't like beer.
ビールは嫌いです。

▼

もっと伝わる英語
I'm not too keen on beer.
ビールはあまり好きではないもので。

I'm not too keen on...は「〜はあまり好きではない」「〜にはさほど興味がない」という意味の言い回しです。I don't like...というストレートな言い方に比べ、控えめで知的な印象を与えます。

- **I'm not too keen on going fishing.**
  魚釣りにはあまり興味がないもので。

- **I'm not too keen on operas.**
  オペラはあまり好きではないんですよ。

また、not my cup of tea「〜の好みに合わない」という言い回しもあります。直訳すると「それは私の紅茶ではありません」、転じて「私の好みではありません」というニュアンスになります。ネイティブにはとても洗練された印象を与える言い方です。ズバズバと物を言うばかりではなく、このような大人の余裕を感じさせる表現も覚えたいところです。

- **That's not my cup of tea.**
  あれは私の好みには合いませんよ。

- **Rock music is not my cup of tea.**
  ロック音楽には興味ないんです。

CHAPTER 9 | 「スゴイ」と思わせる定番表現

27 | 「おなかに赤ちゃんがいます」と言いたいとき

日本人の惜しい英語
She's pregnant.
彼女は妊娠してます。

▼

もっと伝わる英語
She has a bun in the oven.
彼女は赤ちゃんがいるの。

She has a bun in the oven.「彼女はオーブンにパンを入れています」が直訳。これは「彼女は妊娠しています」ということを遠回しに言った気くばり表現です。こういった気の利いた表現を覚えておくことも大切ですね。

28 | 「きっぱりとやめるのが一番」と言いたいとき

日本人の惜しい英語
It's best to quit completely.
完全にやめてしまうのが一番だよ。

▼

もっと伝わる英語
It's best to quit cold turkey.
きっぱりとやめるのが一番さ。

どちらも現在の行為をやめるという意味ですが、It's best to quit cold turkey. という表現も覚えておくといいでしょう。cold turkey は「すぐに、ただちに、きっぱりとやめる」という意味のスラングです。

29 「ちょっと不公平では？」と言いたいとき

日本人の惜しい英語
That's so unfair.
そんなの不公平だ。

▼

もっと伝わる英語
That doesn't seem fair.
それはちょっと不公平に思えますが。

That's so unfair. は、ただ感情的になって不満を述べている感じ。でもThat doesn't seem fair. のほうは、感情を抑え慎重にことばを選んでいる印象を与えます。大人の余裕が感じられることば使いになりますね。That doesn't seem… は、以下のようにとてもよく使われる表現です。

- **That doesn't seem right.**
  それは正しくないように思います。

- **That doesn't seem safe.**
  それは安全性に欠けるように思いますが。

- **That doesn't seem likely.**
  それはあまり起こりそうもないように思いますが。

- **That doesn't seem like a wise choice.**
  それは賢明な選択とは思えません。

CHAPTER 10
その長文では伝わらない

ネイティブが話す英語は基本、短くスッキリしています。長くてややこしい文章を使わなくても、短くてシンプルなフレーズで、十分気持ちは伝わります。そして、その方がネイティブに好まれます。ざっくりと短くコンパクトにまとめるコツを見ていきましょう。

ここで身につけたいテクニック

- なるべき1つの単語で表現
- 短い言い回しに置き替える
- 言うまでもないことは極力カット
- もっと短く言いかえる
- 実物があるなら説明不要

CHAPTER 10 | その長文では伝わらない

01 英語的発想ですっきりと

日本人の惜しい英語
There are still some illnesses for which we need to find cures.
治療法を見つけなければならない病気がまだいくつかある。

▼

もっと伝わる英語
Some illnesses are still incurable.
治療法のない病気はまだある。

incurable「不治の」という単語さえ思いつけば、これだけ短く言いかえることができます。こちらのほうが英語としてもずっと自然です。英語的発想を意識してみましょう。

02 伝える情報は最小限でいい

日本人の惜しい英語
This street's busy traffic makes it too dangerous to cross.
この道は交通が多いために渡ることは危険だ。

▼

もっと伝わる英語
This street's too dangerous to cross.
この道は危なくて渡れない。

too dangerous to cross「危なくて渡れない」と言っているのだから、それだけでも交通量が多いということは相手にきちんと伝わります。いちいちbusy trafficなどと言う必要はありませんね。

03 誰にもみつからないようにする＝隠す

日本人の惜しい英語

I saw Jane quickly put her candy bar away, so no one would find out.

ジェーンが誰にも見つからないように素早くチョコレートをしまうのを見た。

▼

もっと伝わる英語

I saw Jane hide her candy bar.

ジェーンがチョコレートを隠すのを見た。

「素早くしまう」ということは「隠す」ことなのでquickly put awayはhideで言いかえられます。また、「隠す」のは、本来見つからないようにするものなので、so no one would find outも不要ですね。ちなみにcandy barはチョコレートのこと。

CHAPTER 10 | その長文では伝わらない

04 | ひと目でわかるなら、文は極力短く！

日本人の惜しい英語

I bought these snacks so that we can serve them at the party.

パーティで出せるようにこのお菓子を買いました。

もっと伝わる英語

These snacks are for the party.

このお菓子はパーティ用です。

so that we can serve them at the party「パーティで出せるように」という部分は、for the partyという短くすっきりとした表現で言いかえることができます。そのお菓子が買ったものだということも、ひと目でわかりますから、いちいち「買いました」と伝える必要もありませんね。

05 | Try not to... で「〜しないように心がけよう」

日本人の惜しい英語

Whenever it can be avoided, do not skip breakfast.

そうしないですむときは、朝食を抜くことがないようにしましょう。

もっと伝わる英語

Try not to skip breakfast.

朝食を抜かないようにしましょう。

tryだけでも「〜しようと努力する」という意味になるので、Try not to... という言い回しに変えれば、Whenever it can be avoidedという部分はすべて不要になります。

194

06 やってみたものの、だめだったとき

日本人の惜しい英語

She tried convincing him to go with us, but he refused.

彼女は彼に一緒に来るように説得したが、だめでした。

もっと伝わる英語

She tried to convince him to go.

彼女は彼に一緒に来るように説得しようとした。

try は「やってみる」「試す」という意味ですが、過去形で She tried to... などと話すときには「やってみようとしたが、だめだった」という意味合いで用いるのがふつうです。ですので、but以下は言うまでもないということになりますね。

CHAPTER 10 | その長文では伝わらない

07 発想の転換で文を短く

日本人の惜しい英語

There will be some days when the trains may not run on schedule.

電車がスケジュール通りに運行しない日もときにはあります。

もっと伝わる英語

Not all trains run on schedule.

すべての電車がスケジュール通りに運行するわけではありません。

Not all A B「すべてのAがBするわけではない」という言い回しを使えばすっきりと表現できます。ネイティブ英語を身につけるには、こういった発想の転換が不可欠です。

08 実物が目の前にあるとき、説明は不要

日本人の惜しい英語

This painting is a portrait of my son.

この絵は息子の肖像画です。

もっと伝わる英語

This is my son.

息子の肖像画です。

絵を前に話しているなら、This is my son. と言うのがもっとも自然です。写真やパソコンの画像でも同じことが言えます。

09 とにかくすっきり伝える

日本人の惜しい英語

They would like to let you know that they feel disappointed that you did not pass the test.

彼らは、あなたが試験に合格できなかったことを残念に思っていることを、あなたに知らせたいそうです。

もっと伝わる英語

They're disappointed you didn't pass the test.

彼らはあなたが試験に合格できなかったことを残念に思っています。

They would like to let you know that...「彼らは〜ということをあなたに知らせたい」という部分が完全になくなっても、文の意味はほとんど変わりません。また、they feel disappointedという部分も、they're disappointedとすると、よりすっきりした英語になりますね。

CHAPTER 10 | その長文では伝わらない

10 | told us that を 1 語で言いかえると？

日本人の惜しい英語
He told us that his brother was talented.
彼は彼の弟がとても才能があると私たちに話した。

▼

もっと伝わる英語
He said his brother's talented.
彼は弟にとても才能があると言った。

いちいち He told us that... などと言わなくても、He said... と言えばもっと短く言いかえられますね。意味も変わりません。

11 | claim の本当の意味

日本人の惜しい英語
She said that she has already told her boss, but I don't believe her.
彼女はすでに上司には伝えたと言っているけど、僕は信じていないよ。

▼

もっと伝わる英語
She claims she told her boss.
彼女は上司には伝えたと言い張っているよ。

本来 claim は「根拠もないのに〜と主張する」という意味合いでよく使います。したがって、こう言えば but I don't believe her などと言うまでもなく、疑いの気持ちは伝わります。

12 | Let me know を文頭においてすっきり

日本人の惜しい英語

When you are not sure if you can continue, you should let me know.

続けられるかどうかがわからなくなったときには、私に知らせてください。

▼

もっと伝わる英語

Let me know if you can't continue.

続けられなくなったときは、知らせてください。

When you are not sure if you can continue では、長すぎてかなり不自然に聞こえます。if節を後にもってきて、if you can't continue とするとすっきりします。ニュアンスも変わりません。

CHAPTER 10 | その長文では伝わらない

13 | 必要な情報はすっきり伝える

日本人の惜しい英語

In the event that a malfunction occurs, call the service center for assistance.

故障が起こった場合は、サービスセンターに電話して相談してください。

▼

もっと伝わる英語

Call the service center if there's a malfunction.

故障の際はサービスセンターに電話してください。

相談するために電話するのだから for assistance は不要。In the event that a malfunction occurs という部分は if there's a malfunction という短い言い回しで置き換えられます。if節は後ろにもってくるとより自然です。

14 | take+時間で「(〜時間) かかった」

日本人の惜しい英語

Four hours will be needed to complete this test.

このテストを終えるのに4時間が必要となります。

もっと伝わる英語

This test takes four hours.

このテストは4時間かかる。

この短いフレーズで必要な情報はばっちり伝わります。下の文のほうが、英語としてもずっと自然です。This is a four-hour test. と言ってもOKです。

15 | without の便利な使い方

日本人の惜しい英語

By the time I arrived at the airport, the plane had already taken off.

私が空港へ着くまでに、飛行機はすでに離陸してしまっていました。

▼

もっと伝わる英語

The plane took off without me.

空港へ着く前に飛行機は離陸してしまった。

By the time I arrived at the airport... の代わりに「私抜きで」という意味の without me を使い、文の前後を入れ替えてみましょう。take off は過去形の took off を使えばOKです。

CHAPTER 10 | その長文では伝わらない

16 | 12単語がたったの3語に！

日本人の惜しい英語

They played such an amazing game that no one could believe it.

彼らは誰も信じられないような、とてもすばらしい試合をした。

▼

もっと伝わる英語

They were amazing.

彼らは驚くべき試合をした。

何について話しているのかがわかっているのだから、They were amazing. と言うだけでも「驚くほどすばらしい試合でしたよ」という意味になります。会話としてはこれが一番自然ですね。

17 | Takeの便利な使い方

日本人の惜しい英語

I won't finish writing this report for another two days.

このレポートを書き終えるまでに、あと2日はかかります。

▼

もっと伝わる英語

This report will take another two days.

このレポートはあと2日かかります。

これだけでも必要な情報は十分伝わります。省略して差し支えないものは、省いてすっきりさせましょう。ここでのtakeは所要時間を表わします。

18 とにかく伝えたいことだけをシンプルに伝える

日本人の惜しい英語

Note that the location of the reception has been changed to the City Hotel.

レセプションが開かれる場所がシティホテルに変更になりましたので注意してください。

▼

もっと伝わる英語

The reception has been changed to the City Hotel.

レセプションはシティホテルに変更になりました。

the location of the reception「レセプションが開かれる場所」という部分は、ひと言 reception「レセプションは」と言うほうがより自然です。また、Note that...「〜を注意してください」などといちいち言う必要はありません。

CHAPTER 10 | その長文では伝わらない

19 とにかく短く!

日本人の惜しい英語

The president of the corporation made an announcement to the employees that he was planning to retire.

その会社の社長は辞職する意向を社員に伝えた。

▼

もっと伝わる英語

The president announced his retirement.

その会社の社長は辞職を表明した。

he was planning to retire という部分は his retirement と言いかえることができます。The president of the corporation も The president に。これでニュアンスを変えることなく、すっきりと伝えられます。

20 とにかく短く端的に！

日本人の惜しい英語

The problem had disappeared several days before my appointment at the doctor's office.

医者に予約を入れた日が来る数日前に、病気が治った。

▼

もっと伝わる英語

The problem disappeared before my doctor's appointment.

医者に診てもらう前に病気が治った。

my appointment at the doctor's office は my doctor's appointment という短いひと言で言いかえが可能です。また、several days before という部分も、before だけで十分でしょう。

学校では教えてくれなかった英語
英会話は伝え方で
9割決まる

発行日　2013年8月12日　第1版第1刷

著者	**デイビッド・セイン**
デザイン	細山田光宣＋木寺梓（細山田デザイン事務所）
イラスト	中野きゆ美
編集協力	小松アテナ（エートゥーゼット）
校正	中山祐子、エスター・シリム、マルコム・ヘンドリクス
編集担当	柿内尚文、舘瑞恵
営業担当	熊切絵理
営業	丸山敏生、増尾友裕、石井耕平、菊池えりか、伊藤玲奈、櫻井恵子、田邊曜子、吉村寿美子、大村かおり、高垣真美、高垣知子、柏原由美、大原桂子、寺内未来子、綱脇愛、上野結
プロモーション	山田美恵、谷菜穂子
編集	小林英史、黒川精一、名越加奈枝、杉浦博道
編集総務	鵜飼美南子、髙山紗耶子
講演事業	齋藤和佳
マネジメント	坂下毅
発行人	高橋克佳

発行所　株式会社アスコム

〒105-0002
東京都港区愛宕1-1-11　虎ノ門八束ビル
編集部　TEL：03-5425-6627
営業部　TEL：03-5425-6626　FAX：03-5425-6770

印刷・製本　中央精版印刷株式会社
© AtoZ Co.Ltd.　株式会社アスコム
Printed in Japan　ISBN 978-4-7762-0798-6

本書は、2007年5月に株式会社インディゴ出版より刊行された「ネイティブ英語の10カ条」を改題し、大幅に加筆修正したものです。

本書は著作権上の保護を受けています。本書の一部あるいは全部について、株式会社アスコムから文書による許諾を得ずに、いかなる方法によっても無断で複写することは禁じられています。

落丁本、乱丁本は、お手数ですが小社営業部までお送りください。
送料小社負担によりお取り替えいたします。定価はカバーに表示しています。

絵本を見る感覚で、ネイティブ流の英単語の意味がすごくよくわかる!

mini版
学校では教えてくれなかった
ネイティブにちゃんと伝わる英単語帳

デイビッド・セイン
680円(税込)

あなたが覚えたその単語、ネイティブは違った意味で使っているかも?!
日本人が苦手な英単語の微妙なニュアンスを
イラストとグラフで楽しく図解。違いがスッキリわかる一冊!

「ごちそうさま」「いただきます」「おじゃましました」...
あなたは英語で言えますか？

学校では教えてくれなかった英語
「ごちそうさま」を英語で言えますか？

デイビッド・セイン

これを英語で言えますか？
「行ってきます」
「おかえりなさい」
「おじゃましました」
「お先にどうぞ」
「おかまいなく」
「割り勘にしよう」

正しい言い方が身につく
800フレーズ収録！

アスコム

学校では教えてくれなかった英語
「ごちそうさま」を英語で言えますか？

デイビッド・セイン
1000円(税込)

「行ってきます」「おかえりなさい」「割り勘にしよう」「とりあえず、ビール！」...
日本人がよく使う言葉は、英語にうまく訳せない！？
日本人が言いたくて言えなかった英語を、たっぷり800フレーズ収録！